NICI BEECH

CYNNWYS

Nici
x

RHAGAIR

Dros y deugain mlynedd diwethaf, mae llawer o fy nghenhedlaeth i a'r to iau wedi tyfu i fyny yn ddibynnol ar yr archfarchnad, yn anghyfarwydd efo'r blas gwell sydd ar lysiau lleol ac yn ddihyder ynglŷn â sut i'w defnyddio. Fodd bynnag, mae diddordeb cynyddol – am resymau iechyd, economaidd ac amgylcheddol – mewn bwyta mwy o lysiau lleol, ac mae nifer erbyn hyn yn derbyn bocs llysiau wythnosol, yn siopa mewn marchnadoedd ffermwyr neu yn tyfu eu llysiau eu hunain. Dwi'n berson sy'n mwynhau bywyd a bwyd, yn barod i drio unrhyw beth ac wrth fy modd yn ail-greu fersiynau o bethau dwi wedi eu bwyta dros y blynyddoedd.

Mae dylanwad fy mam yn amlwg arna i; mae hithau, fel finnau, yn byw a bod yn y gegin, wrth ei bodd yn paratoi gwleddoedd i deulu a ffrindiau, ac wedi mwynhau coginio prydau llai traddodiadol ers i mi gofio. Wrth dyfu i fyny yn Llangernyw yn y 1970au mewn cyfnod o ddirwasgiad, mae'n amlwg i mi fod dylanwad yr oes ar gegin fy mam wedi dylanwadu arna i yn ei dro. Mae'n gas gen i wastraff a dwi wrth fy modd yn canfod bargen.

Rhai o'r dylanwadau yma a'm sbardunodd i agor caffi Cegin yn 2011. Daeth cyfle i rentu caffi yn hen neuadd farchnad Caernarfon, ac ar ôl wythnos o pop-yp o gwmpas adeg Nadolig 2010, agorais ddrysau Cegin ym mis Mawrth 2011. Y bwriad oedd cynnig bwyd iach, lleol ac o safon uchel heb greu gwastraff. Dim ond am ryw ddwy flynedd y parodd y caffi, ond mwynheais bob eiliad yno, ac roedd yn ffefryn gan rai oedd yn gwerthfawrogi'r 'bwyd go iawn' a'r awyrgylch gartrefol. Efallai y bydd Cegin yn agor rywbryd eto, ond am y tro dwi'n awyddus i rannu fy ryseítiau, fy egwyddorion a'm brwdfrydedd yn y llyfr hwn.

Mae'r llyfr yn rhoi lle blaenllaw i lysiau ond mae 'na ddigon o amrywiaeth yma – yn ryseítiau ac yn bytiau bach o wybodaeth. Os oes gennych gynhwysyn ac angen ysbrydoliaeth, edrychwch yn y mynegai cynhwysfawr yn y cefn – dyna ble y bydda i gan amlaf yn edrych gyntaf wrth estyn am lyfr coginio o'r silff. Sylwch hefyd ar y symbolau cyfleus sydd wrth rhai o'r ryseítiau – maen nhw'n ganllaw defnyddiol os ydych chi'n dilyn deiet arbennig.

DIWENITH | FIGAN | DI-LAETH | SYDYN

(prydau i'w paratoi mewn tua hanner awr)

ANGHENION SYLFAENOL

Wrth i mi edrych o gwmpas fy nghegin mae'n amlwg fod gen i ormod o bethau – a bod llawer gormod o fwydydd yma hefyd! Er gwaethaf hynny, mae'r ffaith fod gen i gasgliad chwarter canrif o offer, a chwpwrdd llawn o duniau, jariau a bwydydd sych wedi eu hel dros gyfnod llai, yn golygu bod modd coginio rhywbeth ar unrhyw adeg. Prynu cynhwysion ffres yn eu tymor ydi'r ffordd orau o gael prydau gwerth chweil, ond mae'n bwysig cadw pethau yn y cwpwrdd i ychwanegu atynt neu at adegau pan nad oes dim byd arall yn y tŷ. Er mwyn cael deiet cytbwys, cadwch un neu ddau o bethau o'r rhestrau grwpiau bwyd wrth law bob amser.

Cynhwysion cwpwrdd

PROTIN

cnau	tuniau ffa, india-corn	ansiofis tun
hadau	paced o tofu	ffa sych

CARBOHYDRADAU

pasta sych	bulgar	*blawdiau:* bara, pasta,
couscous	quinoa	cyflawn, plaen, codi, corn
nwdls sych	reis: basmati / brown	
polenta	ceirch	

LLYSIAU

tuniau tomatos	madarch sych	ffrwythau sych

ARALL

powdr pobi	*olewau:* olewydd, had rêp,	saws soy
burum sych	cnau Ffrengig neu gyll,	meionês
siwgr: eisin, mân, brown	cnau daear, blodyn haul	tabasco neu saws chilli
powdr coco	finegr: gwin gwyn / seidr	mwstard: Dijon,
mêl	tun llefrith cnau coco	grawn cyflawn
	stoc: llysiau, cyw iâr, cig	

SBEISYS

chilli sych	twrmeric	pupur du
hadau cardamom	hadau ffenigl	*perlysiau sych:* oregano,
clofs	powdr cyrri	teim, saets, dail llawryf
coriander	powdr pum sbeis	powdr mwstard
cwmin	paprica	

FFRES

Wyau	Seleri	Garlleg
Nionod	Moron	Tatws

Offer cegin

Mae defnyddio offer sâl yn mynd i wneud eich gwaith yn llawer anoddach, ond does dim angen gwario ffortiwn chwaith, na chael gormod o bethau. Mae ychydig o declynnau sy'n gwneud mwy nag un job yn syniad gwell na chael nifer o bethau sydd dim ond yn dda ar gyfer un dasg. Dyma restr o'r hyn dwi'n meddwl sy'n hanfodol:

CYLLYLL – un fawr, un fach ac un efo dannedd. Mae un gyllell fawr sy'n weddol drwm ac yn braf i'w dal yn eich llaw yn gwneud pob math o waith, ac mae un efo dannedd yn help wrth dorri bara a thomatos.

PLICIWR – mae pliciwr syml efo llafn sy'n siglo yn tynnu llai o groen oddi ar lysiau a ffrwythau na defnyddio cyllell, ac felly'n cadw mwy o'r fitaminau. Maen nhw hefyd yn tynnu croen ffrwyth sîtrws yn effeithiol, yn creu siafins o gawsiau caled fel parmesan ar ben salad, ac yn gwneud rhubanau tenau o lysiau fel ciwcymbr, moron a chorbwmpen.

BWRDD TORRI – mae un pren neu blastig yn haws i'w ddefnyddio nag un gwydr. Mae'n bwysig peidio â thorri gwahanol fathau o fwydydd ar yr un bwrdd, yn enwedig cig amrwd, felly mae angen mwy nag un (neu droi'r bwrdd drosodd a defnyddio'r ochr arall i arbed gwaith golchi llestri).

PADELL FFRIO FAWR – mae rhai sy'n atal bwyd rhag glynu yn para am rai blynyddoedd ond gall rhai haearn bwrw bara oes. Trïwch ddewis un efo gwaelod trwchus.

GEFEL (tongs) – yn handi i droi cig ar farbeciw neu yn y popty, yn ogystal ag i godi bwyd o sosban.

RHIDYLL MAWR – un efo rhwyll denau, fain ar gyfer rhidyllu blawd a siwgr eisin, a gallwch ei ddefnyddio yn lle colandr i ddraenio reis, pasta a llysiau hefyd.

SOSBENNI – set o rai dur sgleiniog sydd gen i ers bron i 20 mlynedd. Mae iddyn nhw waelodion eithaf trwchus sy'n arbed bwyd rhag llosgi. Y sosban dwi'n ei defnyddio amlaf i goginio llysiau ydi'r un sydd hefyd yn stemiwr – mae'n arbed tanwydd drwy goginio mwy nag un peth ar yr un pryd.

CASEROL MAWR EFO CAEAD – mae gen i un ddysgl gaserol o haearn bwrw ac enamel, a honno fydda i yn ei defnyddio i goginio cawliau, cyrris a chillis neu saws pasta ar y stof ac yn y popty.

TUN NEU DDYSGL BOBI – ar gyfer rhostio neu wneud lasagne, cacennau a bisgedi.

GRATIWR – mae un efo pedair ochr yn ddelfrydol, ac mi fedrwch hefyd ei ddefnyddio i greu briwsion bara a thynnu croen oren neu lemon.

SPATIWLA SILICON – i wneud yn siŵr nad oes gwastraff!

BOCSYS PLASTIG – i gadw bwyd yn yr oergell/ rhewgell. Gallwch ailddefnyddio bocsys bwyd tec-awê nifer o weithiau i gadw bwyd sydd dros ben. Labelwch nhw efo'r dyddiad a beth sydd yn y bocs gan ddefnyddio tâp masgio (sy'n rhatach na labeli ac yn dod i ffwrdd yn haws hefyd).

CLORIAN, JWG MESUR, LLWYAU MESUR, RHOLBREN, CHWISG – yn ddefnyddiol i bobi.

Teclynnau trydan

Maen nhw'n cymryd llawer o le i'w storio, ond mae rhai teclynnau yn werth y byd!

PEIRIANT TYNNU SUDD – mae hwn yn dod allan o gefn y cwpwrdd pan fydd gen i ormod o lysiau a ffrwythau yn hel yn y tŷ. Fel arall, mae gwasgydd sudd llaw yn gwneud jobsys bach yn effeithiol iawn.

CROCHAN TRYDAN – caiff ddefnydd mawr yn y gaeaf ar gyfer gwneud prydau un pot sydd angen eu coginio'n araf. Maen nhw'n handi iawn os ydych chi'n drefnus yn y bore, ac yn defnyddio llai o drydan na phopty arferol.

CYMYSGWR BWYD – er bod y rhai mawr Americanaidd yn hardd iawn, does dim rhaid gwario gormod. Prynais f'un i (un Prydeinig) am £20 mewn siop pethau ail-law, a chwilio ar eBay am ategolion i chwipio, sleisio, gratio, malu ffa coffi, tynnu sudd, creu siapiau pasta a stwffio selsig.

BLENDER LLAW – hynod o handi i wneud cawl llyfn mewn sosban heb faeddu dim byd arall, a gall wneud stwnsh ardderchog o datws, moron, pannas, rwdan a seleriac.

PEIRIANT HUFEN IÂ – un o fy hoff declynnau trydan diangen. Does dim byd fel hufen iâ cartref, ac mae'r peiriant yn syml i'w ddefnyddio. Dydi o ddim yn cymryd llawer o le i'w storio gan fod y darn mwyaf (y bowlen) yn cael ei chadw yn y rhewgell nes y byddwch ei hangen.

PROSESYDD BACH – rhoddodd Mam un rhad i mi ac mae'n rhaid dweud bod hwn yn cael tipyn o ddefnydd wrth baratoi pethau fel pesto a hwmws, ac i falu cnau neu wneud briwsion bara.

PROSESYDD MAWR – dwi'n gwneud crwst a gratio llawer o lysiau yn hwn, ac mae'n malu blodfresych amrwd yn fân ar gyfer creu reis neu couscous blodfresych mewn chwinciad! Daeth f'un i efo hylifydd ac mi fydda i'n defnyddio hwnnw i wneud smŵddis, ac i falu tatws a nionod i wneud blini.

Tameidiau bach blasus

Mae rhai o'r ryseitiau yn yr adran yma yn bethau dwi'n eu gwneud ar gyfer achlysuron arbennig fel lansiadau llyfrau a phartïon. Er bod ambell un ohonyn nhw'n gofyn am ychydig bach o ymdrech, mae eraill yn syml iawn a chyflym i'w gwneud. Mae rhai yn bethau i'w bwyta efo diodydd, eraill yn gwneud cinio neu swper ysgafn sydd ychydig bach yn wahanol.

CREMPOGAU CEIRCH 🌿

Mae'r rhain yn grempogau bach eithaf tew sy'n flasus i frecwast ac yn hawdd eu hamrywio i gynnwys blasau gwahanol. Yma, dwi'n ychwanegu ffrwythau sych i'r gymysgedd, ond gallwch hefyd ychwanegu ffrwythau ffres wedi eu torri'n fân cyn ffrio'r crempogau. Mae bacwn a llysiau (wedi eu coginio'n barod) yn gweithio'n wych mewn fersiwn sawrus.

YN GWNEUD 8 CREMPOG

185g ceirch uwd	olew neu fenyn	ffrwythau ffres e.e. 1 afal
½ llwy de halen	*Dewisol:*	wedi ei dorri'n fân
150ml llefrith	50g ffrwythau sych cymysg	2 ddarn bacwn wedi eu
1 wy	wedi eu torri'n fân	coginio a'u torri'n fân
½ llwy de soda pobi		

Cymysgwch y ceirch a'r halen efo'r llefrith a'u gadael dros nos (neu am 3 awr o leiaf) i amsugno'r hylif. Ychwanegwch ddarnau bach o ffrwythau sych ar yr un pryd os ydych am eu defnyddio.

Pan fyddwch yn barod i goginio'r crempogau, curwch yr wy a'r soda pobi a'u cymysgu efo'r ceirch yn dda. Ychwanegwch unrhyw gynhwysion eraill hefyd.

Cynheswch ychydig o saim mewn padell ffrio dros wres canolig a rhowch y gymysgedd, fesul llwyaid, ynddi, gan adael lle i'r crempogau ledu rywfaint. Maen nhw'n cymryd rhyw 3 munud bob ochr i'w coginio – trowch nhw drosodd pan fydd yr ochrau wedi dechrau caledu. Cadwch y rhai cyntaf yn gynnes nes i chi orffen coginio gweddill y gymysgedd.

CYLCHOEDD CRWST TAPENADE

Dyma rysáit bwyd bys-a-bawd hawdd i'w gwneud ar gyfer parti gan ddefnyddio crwst pwff parod. Dwi'n cofio paratoi crwst pwff yn yr ysgol, oedd yn broses faith, ond dwi ddim yn meddwl bod diben gwneud hynny bellach gan fod safon crwst parod (sy'n cynnwys 100% menyn, wrth gwrs) mor dda.

AR GYFER TUA 15–20 PERSON

250g crwst pwff parod	1 wy wedi ei guro efo	50g parmesan wedi
4 llwy fwrdd tapenade	pinsiad o halen	ei gratio yn fân
olifau duon		

POPTY: 200°C / 180°C FFAN / NWY 6

Ysgeintiwch ychydig o flawd dros eich bwrdd gwaith, agorwch y paced crwst ac un ai ei ddadrolio, neu rholiwch y toes i drwch o 5mm. Torrwch y crwst yn ei hanner fel bod gennych ddau ddarn hir a thaenwch y tapenade ar eu hyd i'r ymylon. Ailroliwch y crwst am y tapenade, mor dynn ag y gallwch, fel bod gennych ddau rolyn hir. Rhowch y rholiau yn yr oergell am hanner awr o leiaf.

Cynheswch y popty a thynnwch y rholiau o'r oergell, eu torri yn gylchoedd 1cm o drwch a'u trosglwyddo i duniau pobi. Peintiwch y cylchoedd efo'r wy ac ysgeintio'r caws drostynt. Craswch yn y popty am 12–15 munud nes eu bod yn frown euraid.

❋

Tydi jar o tapenade ddim yn ddrud iawn i'w brynu ac mae ei flas cryf yn golygu bod ychydig bach yn mynd yn bell, ond os oes gennych jar o olifau ar ei hanner, pam na wnewch chi beth eich hun? Rysáit ar dudalen 152.

Gallwch amrywio'r rysáit a defnyddio pesto gwyrdd neu goch – neu'r ddau – i greu cymysgedd liwgar ar y plât.

FFACBYS RHOST

Mae'r rhain yn bethau bach blasus i'w bwyta ar eu pennau eu hunain efo diod yn lle creision a chnau, neu rhowch nhw mewn salad i ychwanegu ansawdd a blas. Gallwch amrywio'r sbeisys yn ôl eich dewis neu yn ôl beth sydd yn eich cwpwrdd – mae powdr a phast cyrri yn gweithio'n dda iawn.

DIGON I 4-6 O BOBL

tua 250g / 1 tun ffacbys (chickpeas) wedi eu coginio a'u draenio	2 lwy fwrdd sudd lemon a chroen 1 lemon wedi ei gratio	*Sbeisys:* 1 llwy de cwmin mâl ¼ llwy de yr un o bowdr chilli a paprica
	2 lwy de olew	halen a phupur

POPTY: 200°C / 180°C FFAN / NWY 4

Cynheswch y popty tra byddwch chi'n cymysgu'r ffacbys mewn powlen efo popeth heblaw croen y lemon, a'u trosglwyddo i dun pobi llydan fel eu bod nhw'n gorwedd yn un haen. Rhostiwch yn y popty am 25–30 munud, gan droi'r ffacbys bob hyn a hyn er mwyn iddyn nhw i gyd goginio'n gyfartal.

Ysgeintiwch y croen lemon drostynt a gadewch iddyn nhw oeri cyn eu bwyta. Gallwch drin cnau plaen, e.e. cashiw, almonau, yn yr un modd, ond trowch y gwres yn is a choginiwch nhw am lai o amser rhag iddyn nhw losgi.

Trowch i dudalen 96 am rysáit salad sy'n cynnwys y rhain.

SÊR CRWST EFO PYS, GARLLEG RHOST A PECORINO

Mae hon yn rysáít handi iawn ar gyfer gwneud bwyd bys-a-bawd – mi fydda i yn aml iawn yn eu cynnwys mewn casgliad o ganapes ar gyfer lansiadau llyfrau yn siop Palas Print, Caernarfon, a bydd pobl wastad yn gofyn beth ydyn nhw a sut i'w gwneud. Maen nhw'n hawdd iawn i'w gwneud, oni bai am yr amser eíthaf hir sydd ei angen ar y garlleg rhost, ond maen nhw'n werth aros amdanynt! Os gallwch chi, coginiwch fwy nag un bwlb yr un pryd a chadw'r lleill i'w hychwanegu at brydau eraill, e.e. mewn dresin neu mewn saws tomato syml.

bwlb garlleg cyfan	2 lwy fwrdd caws pecorino	ychydig o olew neu fenyn
200g pys / petit pois	(neu parmesan)	halen a phupur
wedi eu rhewi		

POPTY: 200°C / 180°C FFAN / NWY 6

Torrwch y bwlb garlleg yn ei hanner ar ei draws, ei daenu efo olew ac yna rhoi'r ddau hanner yn ôl at ei gilydd a'u lapio mewn ffoil. Rhowch nhw yn y popty am tua 45 munud.

Coginiwch y pys mewn dŵr berw – peidiwch â'u gorgoginio – ac yna eu draenio a'u gosod mewn dŵr oer iawn er mwyn cadw'r lliw gwyrdd llachar.

Os ydych am ddefnyddio prosesydd, rhowch y pys ynddo efo'r caws, y menyn neu'r olew, yr halen a'r pupur. Pan fydd y garlleg yn barod, ychwanegwch hwnnw ar ôl gwasgu'r cnawd meddal o'r crwyn. Proseswch nes y bydd yn feddal ond nid yn hollol lyfn. Os nad oes gennych brosesydd gallwch wneud hyn mewn powlen fawr efo stwnsiwr tatws.

I'w gweini, rhowch lwyaid o'r gymysgedd mewn casys crwst (mae creu rhai siâp seren yn hawdd efo torrwr bisgedi a thun pobi cacennau bach), neu taenwch ar ddarnau bychain o fara wedi eu tostio. Addurnwch efo tafelli o bupur coch rhost neu chilli coch o jar am ychydig o gic a lliw.

PATE MADARCH A CHNAU CYLL ⊘ 🍲 🥕

Gallwch wneud y pate yma efo madarch gwyn cyffredin neu ddefnyddio rhai drutach fel shiitake ac wystrys – neu gyfuniad o wahanol fathau. Mi fyddai paced o fadarch sych wedi eu mwydo mewn dŵr cynnes am 20 munud a'u draenio'n drylwyr hefyd yn gweithio'n dda. Mae'n cynnwys cnau a ffa, sy'n ychwanegu protin, heb ddefnyddio'r caws neu'r menyn sydd yn gyffredin mewn nifer o ryseitiau pate madarch, ac felly mae'n gwbl addas i bobl figan. Gallwch ddefnyddio paced o gnau wedi eu rhostio a'u halltu'n barod er mwyn arbed amser a thrafferth.

350g madarch wedi eu torri'n fân	1 llwy fwrdd teim wedi ei dorri'n fân	tun 400g ffa gwynion, e.e. cannellini, haricot, wedi eu draenio
1 nionyn wedi ei dorri'n fân	1 llwy de echdynnyn burum ee. Marmite	sudd ½ lemon
4–5 llwy fwrdd olew	neu rywbeth tebyg	100g cnau cyll
1 llwy fwrdd rhosmari wedi ei dorri'n fân		3 llwy fwrdd persli wedi ei dorri'n fân

POPTY: 180˚C / 160˚C FFAN / NWY 4

Cynheswch y popty a thostiwch y cnau cyll ar dun pobi am 10 munud, eu rhwbio mewn lliain llestri glân i dynnu'r croen ac yna eu torri'n fân mewn prosesydd neu efo cyllell.

Ffrïwch y nionod a'r madarch yn ysgafn mewn padell efo 2 lwy fwrdd o'r olew nes eu bod yn feddal. Ychwanegwch y rhosmari a'r teim a'r echdynnyn burum, ac yna tynnu popeth oddi ar y gwres.

Rhowch hanner y gymysgedd mewn prosesydd efo'r ffa a'r sudd lemon a'u prosesu, gan ychwanegu digon o olew i wneud past llyfn.

Rhowch y gymysgedd mewn powlen efo gweddill y madarch, y cnau a'r persli a chymysgwch yn drylwyr. Blaswch ac ychwanegwch ychydig o bupur a halen os oes angen. Gadewch i'r cyfan sefyll am awr dda cyn ei weini efo tost neu ar grostini, neu efo llysiau amrwd fel ffyn moron, seleri/helogan a phupur melys.

BLINI TATWS 🚫🥛 ⏱️

Mae llawer iawn o ganapes yn amrywiadau ar bethau mewn, neu ar, grwst neu ar fara mewn rhyw ffurf, ond gyda chynifer o bobl angen bwydydd diglwten, mae'n syniad da darparu rhai heb glwten hefyd ar gyfer unrhyw barti. Yn draddodiadol, mae blinis yn cael eu gwneud efo blawd ond mae'r rysáit yma yn defnyddio tatws.

YN GWNEUD RHYW 48 BLINI

450g tatws amrwd wedi eu torri'n giwbiau bychain	2 ewin garlleg wedi eu malu'n fân	halen a phupur
2 wy	2 lwy fwrdd blawd diglwten	olew i ffrio
100g nionyn wedi ei dorri'n fân	½ llwy de powdr pobi	

Rhowch bopeth mewn hylifydd a'i falu nes ei fod yn hylif trwchus – amynedd piau hi, mae o'n gweithio! Irwch badell ffrio efo olew a'i gynhesu dros wres cymedrol. Rhowch lwyeidiau o'r gymysgedd yn y badell, un ar y tro, a'u ffrio'n ysgafn ar y ddwy ochr.

Y ffordd draddodiadol o weini blini yw efo eog wedi ei fygu a hufen sur – neu triwch nhw efo hwmws betys ac addurn o gaws feta wedi ei dorri mewn siâp del.

Defnyddiwch y pate madarch (t. 20) a darn o bupur coch i weini i'w gwneud yn addas ar gyfer figaniaid.

MINS PEIS TWRCI A THRIMINS

Rhywbeth ychydig bach yn wahanol ar gyfer tymor y Nadolig – neu unrhyw adeg arall o'r flwyddyn! Dwi wedi gwneud y rysáit yma yn un bastai fawr ac ar ffurf pasteiod bychain fel mins peis. Tydi'r llenwad ddim yn un sy'n creu grefi i ddiferu dros bob man, felly maen nhw'n addas iawn fel bwyd bys-a-bawd.

Crwst 50/50:	Y llenwad:	
200g blawd plaen gwyn	250g briwgig twrci / sbarion	150g ysgewyll wedi eu coginio'n ysgafn a'u torri'n fân
200g blawd cyflawn cryf	cig twrci wedi ei goginio	
200g menyn oer	1 nionyn wedi ei dorri'n fân	25g llugaeron sych wedi eu socian mewn dŵr poeth a 2 glof
2–4 llwy fwrdd dŵr oer	olew i ffrio	
1 wy i addurno	2 ddarn bacwn wedi eu torri'n fân	halen a phupur
	4 deilen saets wedi eu torri'n stribedi	150ml hufen dwbl

POPTY: 200°C / 180°C FFAN / NWY 6

Paratowch y crwst gan ddilyn y cyfarwyddiadau ar dudalen 146 a'i adael yn yr oergell tra byddwch chi'n coginio'r llenwad.

Ffrïwch y nionod dros wres cymedrol nes eu bod yn feddal (5–7 munud) ac ychwanegwch y twrci a'r bacwn gan godi'r gwres ychydig a'u coginio am tua 5 munud nes bod y cigoedd ddim yn amrwd. Cymysgwch y cig a'r nionod efo gweddill y cynhwysion mewn powlen a'u gadael i oeri ychydig tra byddwch chi'n rhowlio'r toes.

Rholiwch y toes i faint eich tun/plât/dysgl bastai (neu torrwch gylchoedd i greu pasteiod bychain). Llenwch y tun efo'r gymysgedd a rhoi darn arall o grwst arno yn gaead. Caewch yr ymylon yn dda, curwch yr wy a'i beintio dros y crwst. Gwnewch dyllau bach efo fforc yn y canol er mwyn i'r stêm gael dianc, a phobwch am 25–30 munud nes bydd y crwst yn frown euraid.

Gwneud cawl o bethau

Mae bwyta cawl yn un o'r ffyrdd gorau o wneud yn siŵr eich bod chi'n cael eich dogn dyddiol o lysiau. Rydan ni'n dueddol o brynu gormod o lysiau, ac er fy mod yn ceisio defnyddio'r bag llawn llysiau sy'n cyrraedd yma bob wythnos, dwi'n aml iawn yn gweld bod gen i dipyn ar ôl. Mi fydda i'n creu sudd o'r llysiau sydd yn dal ar eu gorau, ond ar gyfer y gweddill mae cawl yn maddau pob pechod ac yn gwneud i chi deimlo'n iach. Dyma rai o'r cawliau gorau dwi wedi eu creu — ond y gwir ydi y gallwch drawsnewid bron pob llysieuyn yn gawl da, ac os oes gennych chi sbeisys neu berlysiau wrth law, mi fydd yn well byth.

CAWL CORBYS SBEISLYD ⊘ 🐟 🥕

Dyma un o hoff gawliau cwsmeriaid y caffi – ond er mai'r un cawl oedd yn ymddangos ar y bwrdd du bob tro, byddai'n amrywio o ddiwrnod i ddiwrnod. Weithiau mi fyddai'n drwchus gyda'i gynhwysion unigol wedi eu chwalu'n hylif unffurf gan y blender llaw. Dro arall byddai'n cynnwys corbys gwyrdd neu frown yn hytrach na rhai coch ac yn aml ro'n i'n ychwanegu llysiau eraill. Roedd pa mor sbeislyd oedd y cawl hefyd yn amrywio, ac felly roedd yn bwysig rhoi gwybod i'r cwsmeriaid pa mor boeth oedd cawl y diwrnod hwnnw! Mae'n gawl y mae modd arbrofi dipyn ag o drwy ddefnyddio perlysiau a llysiau gwahanol, ond dyma'r rysáit sylfaenol.

AR GYFER 4 PERSON LLWGLYD

1 nionyn mawr	2 ewin garlleg	150g corbys (lentils) coch
2 foronen ganolig	1 ddeilen llawryf	1½ litr stoc llysiau
2 goes seleri / helogan	1 llwy fwrdd powdr	1 tun 400g tomatos
1 llwy fwrdd olew	cyrri (gwres canolig)	

Torrwch y llysiau yn ddarnau bach yr un maint â'i gilydd a'u ffrio'n ysgafn yn yr olew mewn sosban fawr dros wres isel am ryw 8 munud.

Paratowch y stoc a thorrwch y garlleg yn fân (neu gwasgwch nhw mewn teclyn pwrpasol).

Pan fydd y nionyn a'r seleri'n edrych yn dryloyw ac wedi meddalu rhywfaint, ychwanegwch y garlleg at y llysiau eraill a'u coginio am ryw funud arall.

Ychwanegwch y powdr cyrri, y corbys a'r ddeilen llawryf a'u cymysgu'n dda cyn tywallt y stoc a'r tomatos drostynt.

Codwch y gwres nes daw popeth i'r berw, ac yna ei ostwng a'i adael i fudferwi am ryw 20 munud. Mi ddylai'r corbys fod wedi troi'n slwtsh a'r llysiau yn feddal. Gallwch ei weini fel y mae, neu ar ôl ei brosesu yn llyfn (gan gofio tynnu'r ddeilen llawryf allan yn gyntaf).

Gadewch i bawb ychwanegu halen a phupur eu hunain os ydyn nhw eu hangen.

CAWL BLODFRESYCH A MADARCH 🥕 ⊘ ⏱

Mae hon yn enghraifft o rysáit a gafodd ei chreu yn y caffi ryw ddiwrnod gan fod angen defnyddio'r madarch a'r flodfresychen yn go sydyn. Roedd yn llwyddiant mawr ac mae'r cawl yn blasu'n llawer mwy cyfoethog nag y byddech chi'n ei ddisgwyl, o ystyried y cynhwysion syml sydd ynddo.

AR GYFER 4–6 O BOBL

750ml stoc llysiau	1 llwy fwrdd olew	Pupur gwyn
1 nionyn bychan	1 flodfresychen	Cnau almon wedi eu tafellu
2 ewin garlleg	250g madarch o'ch dewis	ac olew da i'w addurno

Torrwch y nionyn a'r garlleg yn fân a'u ffrio'n ysgafn yn yr olew mewn sosban fawr dros wres isel am ryw 5 munud nes eu bod yn feddal.

Torrwch y flodfresychen yn ffloredau, y coesyn yn giwbiau a'r madarch yn eu hanner. Codwch y gwres o dan y sosban ac ychwanegwch y llysiau at y nionod efo hanner llwy de o bupur gwyn, a'u troi am ryw 5 munud arall cyn ychwanegu'r rhan fwyaf o'r stoc. Unwaith mae popeth yn berwi, trowch y gwres yn isel a gadewch i bopeth fudferwi am ryw 10–15 munud nes bod y blodfresych yn feddal ond nid yn slwtsh.

Proseswch y cawl efo peiriant hylifo ac ychwanegwch fwy o stoc llysiau os yw'n rhy dew. Blaswch i weld a oes angen ychwanegu halen.

Tostiwch ychydig o gnau almon mewn padell ffrio ac ysgeintiwch y rhain dros y cawl wrth ei weini, yn ogystal â thropyn bach o olew olewydd da.

CAWL PANNAS PUM SBEIS

Dyma gawl wnaeth gryn argraff arna i yn Oren, sef bwyty unigryw Gert Vos yng Nghaernarfon, sawl blwyddyn yn ôl bellach. Bu i Gert, sy'n wreiddiol o'r Iseldiroedd, ymgartrefu yn ardal Caernarfon am gyfnod hir cyn dychwelyd i'w famwlad yn ddiweddar, a'i arbenigedd oedd creu bwydlenni blasus o wahanol rannau o'r byd gan ddefnyddio cynnyrch lleol. Roedd Gert mor garedig â rhannu'r rysáit hynod syml yma pan holais beth oedd yn y cawl.

AR GYFER 2 BERSON

4–6 pannas	1 llwy de powdr pum sbeis
ychydig o olew	500ml stoc llysiau poeth

Ar ôl plicio a thorri'r pannas yn giwbiau bychain, ffrïwch nhw yn ysgafn efo ychydig o olew mewn sosban nes eu bod yn dechrau meddalu a brownio. Ychwanegwch y pum sbeis a'u troi am 1–2 funud cyn tywallt y stoc i'r sosban. Coginiwch am 15–20 munud nes bod y pannas yn feddal, a'u malu efo stwnsiwr tatws am gawl rystig, neu efo mouli neu brosesydd llaw am gawl mwy llyfn.

CAWL CORBWMPEN CANOL HAF

Mae'r cawl yma'n gyflym iawn i'w goginio ac yn gwneud y gorau o flas ysgafn y gorbwmpen (courgette) ifanc. Mae'r pasta bach yn llenwi'r bol a'r parmesan yn ychwanegu moethusrwydd a chic o halen.

AR GYFER 2 BERSON

½ llwy fwrdd olew	80g o basta bach, e.e.	500 ml stoc llysiau
1 nionyn bach neu 2	orzo/risi/stellette/farfalline	2 lwy fwrdd caws
sialotsyn wedi eu torri'n fân	neu sbageti wedi ei	parmesan wedi ei gratio
1 gorbwmpen wedi ei gratio	dorri'n ddarnau bach	

Cynheswch yr olew mewn sosban dros wres isel cyn ychwanegu'r nionyn a'i ffrio'n ysgafn nes ei fod yn troi'n dryloyw. Ychwanegwch y stoc, codwch y gwres a phan mae'n berwi, rhowch y pasta a'r gorbwmpen i mewn i'r sosban. Unwaith y daw'n ôl i'r berw gostyngwch y gwres ychydig a gadewch i'r cawl fudferwi am ryw 7–10 munud. Bydd yr union amser yn dibynnu ar y math o basta fyddwch chi'n ei ddefnyddio. Profwch y cawl bob hyn a hyn i weld a yw'n barod. Pan fyddwch yn ei weini, rhowch lwyaid o gaws ar ei ben ac ychydig o bupur du, os dymunwch.

Heb y caws

CAWL MERLLYS A LETUS

Mae merllys (asparagus) yn llysieuyn sy'n gallu bod yn anodd ei dyfu ac sydd ddim ond ar gael am dymor byr iawn yn unig – tua wyth wythnos o ddechrau mis Mai. Serch hynny, mae iddo flas arbennig ac mae'n werth ei bris uchel ar gyfer pryd arbennig. Wrth gwrs, mi allwch brynu merllys bron â bod drwy'r flwyddyn erbyn hyn mewn archfarchnadoedd, ond rhai wedi eu mewnforio o bell fyddan nhw, a'u blas a'u hansawdd yn israddol i lysiau lleol. Does dim ond rhaid stemio merllys am amser byr iawn a'u gweini efo menyn neu wy wedi ei ferwi'n feddal i gael pryd ysgafn hynod foethus. Maen nhw hefyd yn hyfryd wedi eu coginio ar radell neu wedi eu rhostio efo ychydig o olew. Mae'r rysáit yma'n arbennig o addas ar gyfer merllys sydd ar ddiwedd eu tymor.

AR GYFER 4–6 PERSON

1 nionyn wedi ei dorri'n fân	250g merllys wedi eu torri'n ddarnau tua 2cm	gwydraid bach o win gwyn
10g menyn a thropyn o olew olewydd	1 letusen (cos neu romaine yn ddelfrydol) wedi ei thorri'n stribedi	1½ litr stoc llysiau poeth
50g reis risotto		
50g cnau Ffrengig wedi eu torri'n fân		

Rhowch y nionyn mewn sosban efo'r menyn a'r olew dros wres isel am ryw 7–10 munud nes ei fod yn dechrau meddalu. Codwch y gwres ac ychwanegwch y letus, y reis a'r cnau a'u troi yn y menyn am ychydig nes bod y letus yn llipa. Ychwanegwch y gwin, dewch â'r gymysgedd i'r berw ac yna ychwanegwch y stoc. Unwaith y bydd cynnwys y sosban yn berwi eto, trowch y gwres yn is a gadewch i'r cawl ffrwtian yn dawel am 15–20 munud.

Gallwch weini'r cawl yn syth ond o brosesu popeth yn llyfn mi fydd yr ansawdd a'r cyfuniad o flasau yn well.

Heb y menyn

CAWL CÊL A CHORIZO HOWATSON ⏱ 🚫

Dwi wedi addasu'r rysáit yma o daflen gan gwmni Cig Howatson, cwmni o Lanefydd oedd yn cynhyrchu chorizo hynod o flasus tan yn ddiweddar. Magwyd y cigydd Eifion Howatson yn Henfryn, y tŷ drws nesaf i dŷ fy rhieni yn Llangernyw, a phan oedd fy mrawd a finna'n fach, fo fyddai'n ein gwarchod ambell noson pan oedd Mam a Dad yn mynd i weld ffrindiau. Yn Awst 2015 cefais y fraint o agor sioe arddio a chynnyrch Llangernyw – y 170ain sioe! Mab ieuengaf y teulu, Cernyw Howatson, ydi'r cadeirydd, ac ro'n i wrth fy modd efo'r croeso cynnes ges i yno, a'r cyfle i sgwrsio efo nifer fawr o'r teulu a fu mor annwyl i ni wrth dyfu i fyny. Byddai unrhyw chorizo da yn gwneud y tro, wrth gwrs, ond mae'n braf cefnogi mentrau lleol. Dwi hefyd yn defnyddio olew lleol Blodyn Aur, sef olew o hadau'r planhigyn rêp a gynhyrchir yng ngogledd ddwyrain Cymru.

AR GYFER 4 PERSON

2 daten (tua 250g) wedi eu plicio a'u torri'n giwbiau o ryw 1cm	150g cêl wedi ei olchi a'i dorri'n fân	1 litr stoc llysiau
	60g chorizo wedi ei dorri'n giwbiau o ryw 25mm	1 llwy fwrdd olew hâd rêp Blodyn Aur

Ffrïwch y chorizo yn yr olew mewn sosban ddofn am 5 munud cyn ychwanegu'r tatws a'r stoc, a'u coginio am 10 munud. Ychwanegwch y cêl a choginiwch am ryw 5 munud arall nes bod y cêl yn feddal a'r tatws yn dechrau chwalu.

Prydau llysieuol

Er bod sawl un yn meddwl hynny, dwi ddim yn llysieuwraig. Mae
'ngŵr yn hoffi meddwl ei fod yn llysieuwr ond mae'n rhy hoff o
gig oen a brecwast llawn i ymroi yn llwyr. Dwi'n meddwl ei bod
yn rhy hawdd i ni fwyta cig drwy'r amser — mae 'na ormod o gig
rhad ar gael ac mae cynllunio pryd heb ddefnyddio cig yn anodd
iawn i rai pobl. Po fwyaf o blanhigion allwn ni eu bwyta, y gorau
ydi hynny i'n hiechyd, felly dwi'n gobeithio y bydd ryseitiau'r
adran hon yn helpu i ddeffro'r dychymyg.

PIZZA

Does 'na ddim byd o'i le ar bizza parod, ac mae rhai da iawn i'w cael o'r siopau mawr, sy'n well fyth os ychwanegwch chi lysiau ffres cyn eu rhoi nhw yn y popty. Ond mae 'na flas llawer gwell, a chymaint yn fwy o foddhad i'w gael, wrth wneud rhai eich hun.

AR GYFER 4 PIZZA 12" NEU 6 O RAI LLAI

650g blawd gwyn cryf – gradd 00 os yn bosib	2 lwy de halen	50ml llefrith cynnes (nid poeth)
7g burum sych	25ml olew	325ml dŵr cynnes

POPTY: GWRES UCHAF

Os oes gennych chi beiriant bara, paratowch y toes gan ddefnyddio'r gosodiad 'toes' neu dilynwch y cyfarwyddiadau canlynol.

Mewn powlen fawr, cymysgwch y blawd, y burum a'r halen efo'i gilydd ac ychwanegwch yr olew a'r llefrith, a chan barhau i gymysgu'n drylwyr, ychwanegwch y dŵr nes bod toes meddal yn ffurfio.

Ysgeintiwch flawd dros eich bwrdd gwaith, tynnwch y toes o'r bowlen a'i dylino yn dda am tua 5 munud nes ei fod yn esmwyth ac yn elastig. Rhowch y toes mewn powlen lân, ei orchuddio efo lliain llaith a'i adael am tua awr a hanner nes ei fod wedi codi i ddwbl ei faint.

Pan fydd y toes yn barod, tylinwch eto er mwyn curo'r aer ohono, rholiwch yn belen esmwyth a gadewch iddo godi eto am 30 munud i awr.

Rhannwch y toes yn gyfartal i wneud 4 neu 6 pizza a rholiwch nhw allan yn denau. Ysgeintiwch ychydig o polenta ar eich tuniau pobi cyn rhoi'r toes arnynt, eu gorchuddio efo passata neu saws tomato, ac ychwanegu caws mozzarella ac unrhyw lysiau/cig o'ch dewis wedi eu tafellu'n fân.

Cynheswch y popty i'r gwres uchaf a phobwch y pizzas nes bod yr ymylon yn grimp a'r caws wedi meddalu.

Mae rysáit saws tomato ar dudalen 154

BLODFRESYCH RHOST, TOFU, LEMON A SUMAC 🥕 🧅 🌾

Mae gan tofu enw drwg am fod yn ddi-flas ac o ansawdd anapelgar, ac mae hynny yn wir os edrychwch chi ar y deunydd crai. Mi ddechreuais i hoffi tofu ar ôl ei fwyta mewn bwytai Tsieineaidd ac wrth brynu paced ohono wedi ei baratoi yn barod. O'i fwydo efo blasau diddorol fel welwch ei fod yn amsugno blas yn dda iawn, ac mae ei rostio neu ei ffrio yn rhoi ansawdd da iddo.

DIGON I 2

½ blodfresychen fawr wedi ei thorri'n ffloredau	1 lemon	1 ewin garlleg wedi ei falu'n fân
Paced (349g) o tofu cadarn	1 llwy fwrdd sumac*	4 llwy fwrdd olew
	1 llwy fwrdd powdr cwmin	

POPTY: 200°C / 180°C FFAN / NWY 6

Gwasgwch y tofu rhwng dau blât a phapur cegin er mwyn cael gwared â'r rhan fwyaf o'r hylif ohono. Crafwch groen y lemon i mewn i bowlen, gwasgwch y sudd ohono ac ychwanegu hwnnw, y sumac, y cwmin, y garlleg a'r olew, ynghyd ag ychydig o halen a phupur. Cymysgwch bopeth, ychwanegwch y blodfresych ac yna torrwch y tofu yn giwbiau tua 4cm sgwâr ac ychwanegu hwnnw hefyd. Gadewch iddo fwydo am awr neu ddwy (neu fwy) yn yr oergell, gan ei droi bob hyn a hyn. Pan fyddwch yn barod i'w goginio rhowch y cyfan mewn tun rhostio a'i goginio am hanner awr. Trowch y gymysgedd ar ôl 15 munud er mwyn iddo frownio'n weddol gyfartal.

Os ydych am gael mwy o saws efo'r saig, ychwanegwch lond lwy fwrdd o flawd corn wedi ei gymysgu efo hanner tun o laeth cnau coco i'r tun unwaith y bydd y llysiau wedi coginio. Rhowch y tun ar ben y stof i gynhesu'r saws, gan ei droi yn gyson nes bydd y saws wedi tewychu digon.

——— ☼ ———

*Powdr a wneir o aeron y goeden Rhus Coriaria ydi sumac. Mae iddo flas nid annhebyg i lemon, ac mae'r cogydd Yotam Ottolenghi, sy'n arbenigo mewn bwydydd o'r Dwyrain Canol, wedi ei wneud yn boblogaidd yng ngwledydd Prydain yn y blynyddoedd diweddar. O'i gymysgu efo teim sych a hadau sesame gallwch wneud y gymysgedd za'atar, sy'n flasus iawn wedi ei wasgaru ar ben cigoedd rhost, wyau, salad neu hwmws.

CANNELLONI CENNIN A CHAWS CAERFFILI

Mae'r pryd hwn yn seiliedig ar Culurgiones, rysáit o Sardinia ar gyfer parseli pasta llawn tatws, caws a mintys. Dyma fersiwn y gwnes i ei greu ar gyfer parti pen-blwydd ffrind yn 40.

AR GYFER 4

paced 250g cannelloni sych	1 ewin garlleg wedi ei falu	saws tomato (gweler
4 taten o faint canolig wedi	75g caws Caerffili	tud. 154)
eu coginio a'u stwnshio	50g caws pecorino	
1 genhinen fawr wedi ei	neu parmesan	
thorri'n fân a'i stemio	2 lwy fwrdd olew olewydd	

POPTY: 180°C / 160°C FFAN / NWY 4

Cymysgwch bopeth a'i stwffio i mewn i'r cannelloni sych – mae'n haws gwneud hyn efo bag eisin neu fag plastig efo un cornel wedi ei dorri i ffwrdd na thrio'u llenwi nhw efo llwy.

Cynheswch y popty. Gosodwch y cannelloni yn un haenen mewn dysgl bobi fawr neu ddwy o rai llai, gorchuddiwch efo'r saws tomato a'u pobi am 30 munud.

TORTH GNAU A MADARCH ⊗

Nos Galan 2013 oedd achlysur creu'r rysáit yma ar gyfer swper i ffrindiau. Dwi'n gwybod bod torth neu 'rhost' gnau yn ddewis gweddol ystrydebol i'w gynnig i lysieuwyr ac yn aml mae'r rhai di-flas (wedi eu rhewi) a gewch chi mewn rhai tafarndai yn siomi; ond wir, maen nhw'n gallu bod yn hynod o flasus os gwnewch chi eich torth eich hun. Mi wnes i gyfuno madarch sych shiitake sy'n llawn blas Umami (gw. tud 86) efo rhai bychain ffres. Gwnewch eich torth yn fwy diddorol drwy ychwanegu cynhwysion lliwgar – mi ddois i o hyd i jar o bupurau rhost a'u gosod yn haenau yng nghanol y gymysgedd. Cofiais hefyd am jar o hadau pupur gwyrdd oedd yn llechu'n rhywle, felly mi rois ychydig o'r rheiny yn y gymysgedd i greu ffrwydradau bach annisgwyl. Gallwch amrywio'r rysáit yn ôl beth sydd gennych chi wrth law, neu faint o gampwaith rydych chi am ei greu, e.e. haenau o wylys/planhigyn wy, dail cennin wedi eu stemio, corbwmpen neu sgwash cnau menyn rhost. Gallwch amrywio eich dewis o gaws a pherlysiau hefyd. Caws Sant Illtud a llysiau'r gwewyr ddefnyddiais i.

DIGON I 8-10

100g madarch sych, e.e. shiitake	2 sbrigyn teim ffres neu 1 llwy de teim sych	2 lwy fwrdd hadau pupur gwyrdd (rhai mewn dŵr halen)
100g reis brown	200g cnau cymysg wedi eu malu'n fân	100g caws o'ch dewis
1 nionyn wedi ei dorri'n fân	2 wy	1 llwy fwrdd o berlysiau ffres, e.e. llysiau'r gwewyr/ dil, persli, cennin syfi
100g madarch ffres o'ch dewis	jar o bupurau rhost	
2 ewin garlleg wedi eu torri'n fân		

POPTY: 200°C /180°C FFAN / NWY 6

Sociwch y shiitake sych mewn dŵr cynnes am 30 munud ac yna defnyddiwch y dŵr i ferwi'r reis am ryw 25 munud nes y bydd yn barod. Rhowch badell ffrio dros wres canolig a ffrïwch y nionod yn ysgafn mewn olew.

Torrwch y madarch ffres a'r shiitake yn fân. Ychwanegwch nhw at y nionod pan fo'r rheiny'n dechrau meddalu, a'u coginio am ryw bum munud.

Ychwanegwch y garlleg a'r teim at y badell ac ar ôl i'r madarch leihau i hanner eu maint, tynnwch y badell oddi ar y gwres.

Cymysgwch y cnau efo'r madarch ac ati, a chymysgwch bopeth efo'r reis.

Cynheswch y popty ac ychwanegwch yr hadau pupur a'r caws at y gymysgedd yn y sosban. Torrwch eich dewis o berlysiau ffres yn fân a thaflu'r rheiny i'r sosban hefyd.

Ychwanegwch 4 wy wedi eu curo a gosodwch y gymysgedd mewn haenau efo'r pupurau mewn tun torth sydd wedi ei iro a'i leinio efo papur silicon.

Pobwch am 45–60 munud a'i weini efo saws o'ch dewis.

TARTEN CORBWMPEN, PYS A MINTYS

Mae dau blanhigyn corbwmpen yn ddigon hawdd i'w tyfu ac yn ein cadw ni i fynd drwy'r haf, os cân nhw lonydd gan y malwod! Wedi eu rhostio, eu torri'n denau fel sbageti neu eu gratio mewn salad neu golslo, mae 'na gymaint y gallwch chi ei wneud efo nhw. Mae'r rysáit yma yn un fwy swmpus a chyfoethog, ac yn hafaidd braf.

AR GYFER 8–10 PERSON

150g pys wedi eu rhewi	284ml hufen dwbl	200g caws gafr wedi
150g corbwmpen wedi	halen a phupur	ei dorri'n dalpiau
ei thorri'n dafelli	llond llaw o ddail mintys	Crwst brau (gw tud. 146)
2 wy	wedi eu torri'n fân	

POPTY: 200°C / 180°C FFAN / NWY 6

Paratowch y crwst yn ôl y rysáit ar dudalen 146 a'i ddefnyddio i leinio tun tarten.

Yn y cyfamser, paratowch y llenwad. Coginiwch y pys mewn dŵr berw am 2 funud cyn eu draenio a rhedeg dŵr oer drostynt. Curwch yr wyau mewn powlen ac ychwanegwch yr hufen, ychydig o halen a phupur a'r mintys. Cymysgwch bopeth efo'i gilydd cyn ychwanegu'r pys a'r tafelli o gorbwmpen. Tywalltwch y gymysgedd i'r crwst ac yna rhannwch y talpiau o gaws yn hafal o gwmpas y darten.

Pobwch am 20–25 munud nes y bydd y gymysgedd wedi setio ac wedi brownio. Gadewch i'r darten oeri cyn ei gweini gan ei bod yn blasu'n well ar dymheredd y stafell. Cadwch unrhyw sbarion yn yr oergell at ddiwrnod arall.

Ychydig o goginio sydd ei angen ar gorbwmpenni. Maen nhw'n cynnwys llawer o ddŵr a byddan nhw'n mynd yn slwtsh os gwnewch chi eu berwi nhw, felly llawer gwell ydi eu stemio, eu ffrio'n ysgafn efo olew, eu grilio nhw neu eu rhostio nhw efo llond tun o lysiau eraill, e.e. sgwash, wylys/planhigyn wy, pupurau a nionod. Yn ddiweddar dwi wedi prynu peiriant sy'n torri llysiau yn stribedi hir ac wedi eu bwyta yn lle nwdls mewn seigiau Tsieineaidd neu Eidalaidd. Maen nhw'n hyfryd mewn crymbl sawrus o datws a chaws Caerffili, ac yn gwneud bwyd bys-a-bawd moethus iawn ar ôl eu tafellu'n denau iawn a'u coginio'n araf mewn menyn efo ychydig o olew a garlleg, eu cymysgu efo caws parmesan a'u gweini ar dost/crostini.

FFA ROCKAWAY ⏱ 🥗 🥕 🚫

Canlyniad arbrawf ydi'r salad hwn wrth geisio 'cyfansoddi' efo cynhwysion dan ddylanwad un o gerddi enwocaf y diweddar annwyl brifardd Iwan Llwyd, sef 'Far Rockaway'. Daeth y 'ffa' yn gyntaf, wedyn 'cusan hir' y garlleg, hadau carwe i adleisio enw'r lle ac ychydig o baprica wedi ei fygu i gynnwys rhywbeth er cof am un o hoff eiriau Iwan: 'Shmokin!'

DIGON I 4-6

1 tun 400g ffa gwynion (butter beans) wedi eu draenio	10 tomato bach wedi eu haneru	llond llaw coriander ffres wedi ei dorri'n fân
½ nionyn coch wedi ei dorri'n fân	¼ lemon cadw wedi ei dorri'n fân (Gweler tud 150)	

Cymysgwch bopeth efo'i gilydd ac ychwanegwch y dresin isod:

2 ewin garlleg (rhost os yn bosib) wedi eu malu'n bast	½ llwy de hadau carwe wedi eu tostio	Sudd 1 leim
½ llwy de hadau cwmin wedi eu tostio	¼ llwy de paprica wedi ei fygu	4 llwy fwrdd olew

Ei weini efo gwên ac, os dymunwch, 'wisgi efo gwlîth' – ond mae'n well gen i fwynhau gwydraid neu ddau o Sauvignon Blanc.

BYRGERS CNAU CASTAN AC YSGEWYLL *(sbrowts)*

Dyma rysáit arall sy'n defnyddio cynhwysion y cysylltwn efo tymor y Nadolig. Mae'n ffordd wych o 'guddio' ysgewyll ac mae'r cnau castan yn rhoi blas melys a sylwedd i'r byrger. Gallwch ddefnyddio bacwn, ham neu chorizo os oes gennych chi beth, ond gallwch yn hawdd ei wneud yn fyrger figan wrth hepgor y cig moch.

DIGON AR GYFER 4 BYRGER

200g cnau castan (chestnuts) wedi eu coginio	nionyn coch	100g couscous (wedi ei goginio'n barod)
200g ysgewyll wedi eu haneru a'u torri'n dafelli mân	1 ewin garlleg	1 llwy fwrdd rhosmari ffres wedi ei dorri'n fân
	50g cig moch wedi ei dorri'n fân (os dymunwch)	

POPTY: 200°C / 180°C FFAN / NWY 6

Ffrïwch y cig moch mewn padell (os ydych yn ei gynnwys) a phan fydd wedi brownio, ychwanegwch y nionod. Wedi i'r rheiny feddalu ychwanegwch yr ysgewyll a'r garlleg a ffrio'r rheiny am ychydig funudau nes eu bod yn llipa. Trosglwyddwch bopeth i bowlen efo'r couscous a'r rhosmari.

Torrwch hanner y cnau castan yn ddarnau bach a stwnsiwch y gweddill efo peiriant neu fforc a bôn braich. Cymysgwch bopeth efo'i gilydd pan fydd y gymysgedd wedi oeri digon, ffurfiwch 4 byrger a'u gorchuddio gydag ysgeintiad o polenta. Gallwch eu cadw yn yr oergell tan y byddwch yn barod i'w coginio.

Pobwch nhw am 20 munud neu eu ffrio mewn olew am ryw 10 munud gan eu troi'n aml ac yn ofalus yn y badell.

Heb y cig moch.

POBIAD TATWS NEWYDD, LLYSIAU A HWMWS 🥕 🐄 ⏱️

Enghraifft o rysáit a grëwyd drwy ddefnyddio sbarion ydi hon eto, ond mae'n werth coginio'r tatws a'r llysiau yn arbennig ar gyfer y pryd figan hwn, sy'n hawdd i'w baratoi. Mae defnyddio hwmws siop yn gweithio'n iawn ac os oes gennych chi berlysiau sbâr, ychwanegwch y rheiny i'r gymysgedd.

AR GYFER 2 BERSON

4–6 taten newydd wedi eu coginio a'u gadael i oeri	400g llysiau rhost, e.e. wylys / planhigyn wy, nionyn, garlleg, pupur coch, corbwmpen	200g hwmws
2 domato mawr		100g briwsion bara
		50g caws figan

POPTY: 200°C / 180°C FFAN / NWY 6

Torrwch y tatws a'r tomatos yn dalpiau a'u cymysgu efo'r llysiau rhost amrywiol a'r hwmws. Gosodwch bopeth mewn dysgl wedi ei hiro efo olew ac ysgeintiwch y briwsion bara a'r caws drosto a'i grasu yn y popty am 25 munud.

RISOTTO SPELT BETYS ⏱️ 🥕

Mae spelt yn rawn tebyg i wenith ond mae'n fwy maethlon gan ei fod yn cynnwys mwy o brotin a ffibr. Dwi'n hoff o'r blas a'r ansawdd wrth ei goginio fel risotto, a chefais bryd tebyg i hwn yn y River Cottage Cafe yn Axminster unwaith, pan oedden ni'n ymweld â fy mam yng nghyfraith yn Nyfnaint.

AR GYFER 2 BERSON FEL PRIF GWRS
NEU FWY OS YW'N RHAN O BRYD CYMYSG

1 nionyn coch wedi ei dorri'n fân	175g spelt	2 fetysen rost fawr wedi eu torri'n ddarnau
1 llwy fwrdd olew olewydd	1 llwy de hadau carwe	
	700ml stoc llysiau	

Cynheswch yr olew mewn padell a ffrïwch y nionod yn ysgafn am 5 munud.

Ychwanegwch y spelt a'r hadau carwe a'u ffrio am funud neu ddau. Tywalltwch 500ml o'r stoc llysiau dros y cwbl, dod â phopeth i'r berw a'i adael i fudferwi am ryw 15 munud. Ychwanegwch y betys a choginio'r cyfan am ryw 10 munud arall nes bod y spelt yn feddal, gan ychwanegu gweddill y stoc bob yn dipyn os ydi'r gymysgedd yn dechrau sychu gormod.

SALAD QUINOA A SPELT

Roeddwn i mewn dau feddwl ynglŷn â chynnwys ryseîtiau oedd yn defnyddio quinoa yn y llyfr yma ar ôl darllen erthygl am effaîth twf ei boblogrwydd ar bobl Bolifia a Pheriw, lle mae'r grawn yn sylfaen i'w deiet. Roedd yr erthygl yn awgrymu y gallai'r galw amdano beryglu'r cyflenwad lleol i'r bobl frodorol, ac ro'n i'n poeni pa mor egwyddorol oedd ei brynu. Fodd bynnag, bellach, mae ymchwil wedi dangos bod y gwrthwyneb yn wir. Mae'r ffermwyr yn elwa'n fawr o'i allforio – a diolch am hynny, gan fod y grawn diglwten hwn yn llawn protin ac yn flasus. Fel gyda llawer o fwydydd o wledydd sy'n datblygu, ceisiwch brynu cynnyrch Masnach Deg i sicrhau bod y cynhyrchwyr yn cael y fargen orau.

AR GYFER 8–10 PERSON

200g quinoa	25g bricyll sych wedi eu torri'n fân	*Dresin:*
200g spelt		2 lwy fwrdd sudd lemon
3–4 pupur coch / melyn / oren	3 llwy fwrdd yr un o fintys a choriander wedi eu torri'n fân	1 lwy fwrdd finegr gwin
		1 ewin garlleg wedi ei wasgu
200g ffeta wedi ei dorri'n ddarnau		halen a phupur
		4 llwy fwrdd o olew

POPTY: 200°C / 180°C FFAN / NWY 6

Rhostiwch y pupurau nes bod eu crwyn yn ddu. Rhowch nhw mewn powlen efo cling-ffilm drosti ac unwaith y bydd y pupurau wedi oeri digon, tynnwch y crwyn a'u torri'n ddarnau.

Coginiwch y grawn yn ôl y cyfarwyddiadau a'u gadael i oeri nes eich bod yn barod i roi'r salad at ei gilydd.

Paratowch y dresin drwy gymysgu popeth efo'i gilydd yn drylwyr, yna ychwanegwch y llysiau a'r grawn a gweini'r cyfan mewn powlen fawr.

LASAGNE SGWASH CNAU MENYN A SBIGOGLYS

Mae'n wir bod lasagne llysieuol yn un o'r prydau mwyaf poblogaidd ar fwydlenni llysieuol, ac mae hwn yn un sy'n eithaf arbennig ac yn werth yr amser mae'n ei gymryd i baratoi'r camau i'w roi at ei gilydd. Unwaith y bydd yn y popty mae 'na ddigon o amser i baratoi salad neu sglodion i'w gweini gyda'r saig – neu mi allwch ymlacio a bwyta'r lasagne ar ei ben ei hun.

AR GYFER 4–8 PERSON

1–2 sgwash cnau menyn (tua 600g) wedi eu plicio; yr hadau wedi eu tynnu a'r cnawd wedi ei dorri'n giwbiau tua 2cm	500g sbigoglys wedi ei olchi, a'r coesynnau wedi eu gwaredu	2 ewin garlleg wedi eu torri'n fân
	talp o fenyn	1 llwy de tomatos heulsych
olew	8–10 darn o lasagne	1 tun 400g tomatos
nytmeg	30g cnau pin wedi eu tostio	2 lwy de siwgr mân
	30g parmesan wedi ei gratio	*Saws bechamel:*
	Saws Tomato:	50g menyn
	½ nionyn wedi ei dorri'n fân	50g blawd plaen
		500ml llefrith

POPTY: 200°C / 180°C FFAN / NWY 6

Paratowch y popty a rhowch y sgwash mewn tun rhostio efo ychydig o olew, halen a phupur a nytmeg, a'i rostio nes bod y darnau yn feddal ac wedi dechrau brownio. Tra bod y sgwash yn rhostio, paratowch y sawsiau.

Saws tomato: coginiwch y nionyn mewn olew dros wres canolig nes ei fod wedi meddalu, yna ychwanegwch y garlleg, ei goginio am funud cyn ychwanegu'r tomatos heulsych, y tun o domatos a'r siwgr. Gadewch i'r saws fudferwi am 20–25 munud.

Saws bechamel: toddwch y menyn mewn sosban dros wres canolig, ychwanegwch y blawd, ei gymysgu'n dda efo'r menyn i wneud past a'i goginio am ychydig funudau. Tynnwch y sosban oddi ar y gwres ac ychwanegwch y llefrith bob yn dipyn nes bod y saws yn llyfn. Rhowch y sosban yn ôl ar y gwres a chymysgwch yn gyson nes daw'r saws i'r berw.

Gadewch iddo fudferwi am rai munudau er mwyn i'r saws dewychu. Ychwanegwch halen a phupur a nytmeg a'i dynnu oddi ar y gwres.

Paratowch y sbigoglys drwy doddi talp o fenyn mewn sosban fawr a'i ffrio'n ysgafn efo halen, pupur a nytmeg am ryw 2–3 munud. Rhowch y sbigoglys mewn rhidyll a'i wasgu i waredu'r dŵr.

I roi'r lasagne at ei gilydd, irwch ddysgl 1½ lítr a gosodwch hanner y sgwash cnau menyn yn haen ar y gwaelod. Rhowch hanner y saws tomato drosto ac yna haen o lasagne. Rhowch hanner y saws bechamel dros hwnnw, wedyn y sbigoglys i gyd a hanner y cnau pin. Rhowch haen arall o lasagne, wedyn y sgwash cnau menyn a'r saws tomato, haen arall o lasagne a gorffen efo gweddill y saws bechamel. Ysgeintiwch y parmesan a gweddill y cnau pin drosto a'i roi yn y popty am 35–40 munud.

TOFU HALEN A PHUPUR EFO SAUTÉ LLYSIAU GWYRDD ⏱ 🥕 🐟 🌱

Pryd ysgafn a maethlon pan fo cennin yn eu tymor ydi hwn, ac mae'r cyfuniad o tofu crenshlyd a llysiau meddal yn gweîthio'n dda iawn.

YN BRIF GWRS I 2

½ llwy fwrdd olew	darn 2cm sinsir ffres wedi ei falu'n fân	1 bloc tofu cadarn iawn
1 genhinen	4 llwy fwrdd blawd corn
1 goes seleri/helogan	1 llwy fwrdd saws soy ysgafn	1 llwy de pupur du wedi ei falu'n ffres
½ pupur gwyrdd	1 llwy de mêl
2 ewin garlleg wedi eu malu'n fân		1 llwy de halen
		olew i ffrio

Tynnwch y tofu o'i baced a'i ddraenio'n dda o unrhyw ddŵr cyn ei adael i sychu ar bapur cegin.

Torrwch y llysiau i gyd yn fân. Cynheswch yr olew mewn wok neu badell ffrio fawr dros wres cymedrol a ffrio'r llysiau ynddi am ryw 2 funud. Ychwanegwch y sinsir a'r garlleg a choginio'r cyfan am 2 funud arall cyn ychwanegu'r saws soy a'r mêl. Cymysgwch y rhain yn dda efo'r llysiau dros y gwres am ryw hanner munud ac yna diffoddwch y gwres nes y byddwch yn barod i'w gweini.

Cymysgwch y blawd corn a'r halen a phupur mewn powlen. Torrwch y tofu yn giwbiau tua 2cm sgwâr a'u hychwanegu at y blawd gan eu troi yn ofalus er mwyn eu gorchuddio yn dda.

Cynheswch olew mewn padell ffrio – rhyw 1cm o ddyfnder. Pan fydd yr olew yn boeth, ychwanegwch ychydig giwbiau o tofu ar y tro a'u troi i'w brownio ar bob ochr. Os gwnewch chi drio coginio gormod ar y tro mi fydd y tofu yn aros yn feddal. Rhowch y ciwbiau tofu i ddraenio ar bapur cegin nes i chi orffen coginio'r gweddill.

Ailgynheswch y llysiau cyn eu gweini efo'r tofu a'r saws chilli.

PASTA ALLA NORMA ⏱

Rysáît braf at yr haf pan fo'r wylys/planhigyn wy yn eu tymor yn y wlad hon. Mi ges i'r saig yma am y tro cyntaf ym mwyty Osteria, Caernarfon; bwyty Toscanaidd ardderchog, er mai o Sicilia y daw'r rysáît hon yn wreiddiol. Ro'n i wedi gwirioni gymaint efo hi fel yr es i ati i'w hail-greu efo Mel Thomas ar gyfer cerddwyr Cerddwn Ymlaen ar ddiwrnod cyntaf taíth elusennol 2014. Mae'n rysáît hynod o flasus wnaeth fodloni pawb a synnu ambell un! Roedden ni'n bwydo dros 40 y diwrnod hwnnw, ond mae'r rysáît yma ar gyfer 4 person (neu 2, yn dibynnu ar faint eich awydd am fwyd, wrth gwrs).

AR GYFER 4 PERSON (NEU 2 BERSON LLWGLYD IAWN)

1 wylys/planhigyn wy wedi ei dorri'n giwbiau tua 3cm	1 chilli sych wedi ei falu (os hoffech ei ddefnyddio)	halen a phupur
1 nionyn mawr coch wedi ei dorri'n fân	2 ewin garlleg wedi eu tafellu'n denau	ychydig o fasil ffres
olew olewydd	1 tun 400g tomatos neu passata	40g pecorino/parmesan wedi ei gratio
1 llwy de oregano sych		250g pasta o'ch dewis

Rhowch ddŵr i ferwi ar gyfer y pasta. Cynheswch olew dros wres cymedrol mewn sosban fawr sydd â chaead iddi ac ychwanegwch y nionod. Ffriwch y nionod yn ysgafn nes iddyn nhw feddalu, ychwanegwch y garlleg, y chilli a'r oregano a'u cymysgu am ryw funud neu ddau. Rhowch yr wylys/planhigyn wy yn y sosban efo halen a phupur, gosodwch y caead arni a choginiwch am ryw 5 munud nes eu bod yn dechrau rhyddhau eu sudd. Tynnwch y caead a pharhau i goginio'r gymysgedd, gan ei throi'n gyson nes bod yr wylys/planhigyn wy yn meddalu. Os yw'n dechrau glynu at waelod y sosban, ychwanegwch ychydig o ddŵr i'w ryddhau. Ychwanegwch y tomatos a gadael y cyfan i fudferwi gan droi'r saws bob hyn a hyn tra byddwch chi'n coginio'r pasta. Mae penne yn gweithio'n dda, a dwi hefyd wedi mwynhau'r saws yma efo tagliatelle cartref.

Draeniwch y pasta gan gadw 1 llwy fwrdd o'r dŵr startslyd, a chymysgwch hwnnw efo'r saws a'r pasta a'r basil. Ysgeintiwch gaws wedi ei gratio drosto.

Pysgod a bwyd môr

Mi ges i'r fraint o gael lle ar gynllun Llysgenhadon Bwyd Môr Lleol gan Fenter Môn yn 2015, a chyfle i dreulio diwrnod yn y Ganolfan Dechnoleg Bwyd yn Llangefni efo criw difyr iawn. Nod y cynllun oedd ein dysgu am y diwydiant bwyd môr lleol, a chawsom gwrs ymarferol ynglŷn â pharatoi a choginio gwahanol fathau o bysgod. Mae'n biti mawr nad oes mwy o bysgod lleol yn cael eu gwerthu'n lleol, ond dwi'n credu bod pethau yn gwella yn ara deg, ac mae gwyliau bwyd a marchnadoedd lleol yn helpu. Does dim byd haws na chyflymach na stemio neu ffrio darn o bysgod i swper, ond mae'r ryseitiau dwi wedi eu dewis ar gyfer yr adran hon yn rhai sy'n ceisio dangos bod modd gwneud prydau mwy mentrus efo pysgod yn weddol hawdd.

BARLOTTO BETYS EFO CÊL A MACRELL WEDI EI FYGU ⏱

Mae'r pryd hwn yn debyg i risotto, ond mae'n defnyddio barlys ac mae'n haws i'w wneud na risotto arferol. Mae'r ansawdd yn llai meddal hefyd gan fod y barlys yn dal ei siâp yn dda.

AR GYFER 2 BERSON

3 llwy fwrdd olew	2 fetysen wedi eu coginio	150g cêl neu ddail bresych
1 nionyn wedi ei dorri'n fân	(rhai heb finegr ac os yn	ifanc wedi eu torri'n stribedi
250g barlys	bosib, wedi eu rhostio)	mân a'u golchi'n drylwyr
2 ewin garlleg	2 ffiled macrell	Sudd hanner lemon
1 llwy de hadau cwmin	wedi eu mygu	
500ml stoc llysiau		

Mewn padell ffrio fawr, cynheswch yr olew dros wres isel a ffrïwch y nionyn yn ysgafn nes ei fod yn feddal ac yn dryloyw, ychwanegwch y garlleg a'r hadau cwmin, eu troi am 1–2 munud, ac ychwanegu'r barlys. Codwch y gwres yn uwch gan droi popeth eto am funud neu ddau. Ychwanegwch y stoc i gyd ar unwaith a mudferwch y barlys am tua 25–30 munud gan ei droi yn weddol aml, nes bod y stoc wedi ei amsugno a'r barlys yn dyner. Os ydi'r stoc i gyd wedi mynd cyn bod y barlys yn barod, ychwanegwch ychydig o ddŵr o'r tegell yn ei le.

Tra mae'r barlys yn coginio, stemiwch y bresych mewn sosban efo ychydig o ddŵr am ryw 7–8 munud, torrwch y betys yn giwbiau bychain a thynnwch y croen oddi ar y macrell a'i dorri'n dalpiau efo'ch dwylo.

I'w weini, ychwanegwch y sudd lemon, cymysgwch bopeth efo'i gilydd yn y badell i'w gynhesu, gan ychwanegu'r macrell yn olaf a'i droi yn ysgafn er mwyn osgoi ei falu'n rhy fach.

Dyma rysáit allai fod yn un llysieuol petaech yn cyfnewid y macrell am giwbiau o gaws wedi'i fygu neu ffeta, Caerffili neu gaws gafr. I figaniaid, beth am ddefnyddio cnau: rhostiwch gnau cyll neu almon i ychwanegu mwy o flas, neu agorwch baced bach o gnau rhost wedi'u mygu.

CORGIMWCH PATAGONIA ⏱

Dyma rysáit y gwnes i ei ddarganfod tra oeddwn i'n cynllunio pryd ar gyfer aduniad criw o ffrindiau coleg. Roedd un ohonynt adref o'r Wladfa am sbel. Tynnodd hwn fy sylw oherwydd yr enw, ond mae'n debyg nad yw'n rysáit nodweddiadol iawn! Beth bynnag, er gwaethaf hynny, a'r cyfuniad rhyfedd o gynhwysion ar yr olwg gyntaf, mae'n bryd hynod flasus a gwahanol iawn. Mae'n foethus iawn oherwydd yr hufen a'r caws, felly mi fyddai ei weini efo salad o sbigoglys, tomato ac india-corn, gyda dresin efo dipyn o gic sîtrws iddo, yn ychwanegiad da. Heb y corgimychiaid, wrth gwrs, mi fyddai'n bryd addas iawn i lysieuwyr.

AR GYFER 4–6 PERSON

1 flodfresychen fach	120ml hufen dwbl	100g caws Caerffili, wedi ei friwsioni / gratio
2 lwy fwrdd olew	1 llwy de sos coch	
1 ewin garlleg	1 llwy de dail llawryf mâl	225g corgimychiaid wedi eu coginio
30g blawd plaen	1 llwy de twrmeric	
300ml llefrith	1 llwy de powdr mwstard	

Torrwch y flodfresychen yn ffloredau a'u coginio mewn sosban o ddŵr berw (neu eu stemio) am 10 munud nes eu bod yn dyner.

Tra bydd y blodfresych yn coginio, cynheswch yr olew mewn sosban arall dros wres isel a rhowch y garlleg ynddi a'i ffrio'n ysgafn am hanner munud. Ychwanegwch y blawd a'i gymysgu'n dda. Tynnwch y sosban oddi ar y gwres ac ychwanegwch y llefrith bob yn dipyn nes bod y saws yn llyfn. Rhowch y sosban yn ôl ar y gwres a chymysgwch yn gyson nes daw'r saws i'r berw. Gadewch iddo fudferwi am rai munudau i dewychu. Ychwanegwch yr hufen, y sos coch, y dail llawryf, y twrmeric a'r powdr mwstard a chymysgu popeth yn dda. Ychwanegwch y corgimychiaid a hanner y caws a throwch nes bod y caws wedi toddi a'r corgimychiaid wedi cynhesu.

Gosodwch gril ar wres uchel. Draeniwch y blodfresych a gosod y darnau mewn dysgl fas sy'n gwrthsefyll gwres (neu ddysglau bychain fel ramecin) cyn arllwys y saws corgimychiaid drostynt. Ysgeintiwch weddill y caws dros y cyfan a'i grilio am ryw 5 munud nes y bydd yn frown euraid. Bwytewch yn syth.

PYSGOD GWYN A CHORBYS GWYRDD 🌿

Pryd un pot syml iawn i'w baratoi, ac un sy'n hawdd iawn ei amrywio drwy gyfnewid y math o gorbys, y pysgod a'r llysiau. Os dymunwch, gallwch ychwanegu ciwbiau o facwn neu chorizo ar ddechrau'r rysáit, neu ar gyfer pryd llysieuol, mae'r corbys ar eu pennau eu hunain yn ddigon blasus a maethlon.

AR GYFER 4 PERSON

2 lwy fwrdd olew	1 chilli coch wedi ei dorri'n	8–10 tomato bach
2 nionyn wedi eu torri'n fân	fân (ddim yn angenrheidiol)	wedi eu haneru
2 goes seleri / helogan	250g corbys gwyrdd	4 darn o bysgod gwyn,
wedi eu torri'n fân	500ml stoc (llysiau	e.e. penfras, hadog,
2 foronen wedi eu torri'n fân	neu gyw iâr)	neu forlas (pollock)
2 ewin garlleg wedi	1 pupur coch wedi ei	
eu torri'n fân	rostio a'i dorri'n stribedi	
perlysiau, e.e. rhosmari,	(mae un o jar yn iawn)	
teim, deilen llawryf		

Cynheswch yr olew dros wres canolig mewn sosban lydan, fawr, efo caead (neu gaserol) a choginiwch y nionyn, y seleri a'r moron am ryw 5 munud nes eu bod yn dechrau meddalu. Ychwanegwch berlysiau a garlleg a'u ffrio am ychydig funudau eto cyn ychwanegu'r corbys a'u cymysgu'n dda efo'r llysiau. Tywalltwch y stoc dros y cyfan a'i adael i fudferwi am 25–30 munud nes bod y corbys yn feddal ond ddim yn slwtsh. Ychwanegwch y tomatos a'r pupur coch ac wedyn gosodwch y pysgod yn un haen ar ben y cyfan. Rhowch y caead yn ôl am 5–7 munud er mwyn coginio'r pysgod yn y stêm. Tynnwch y pysgod allan yn ofalus a'u gweini ar ben y corbys.

CACENNAU EOG, LEMON A FFENIGL

Dyma rysáít sy'n gwneud i ychydig bach o eog fynd ymhell, gan ddefnyddio dylanwadau Morocaidd a ffenigl i ychwanegu blas ffres. Mi fyddai'n saig dda fel cinio ysgafn, neu'n swper mwy swmpus efo sglodion a phys neu salad.

YN GWNEUD 6 CACEN

100g couscous sych	½ bwlb ffenigl wedi ei dorri'n fân	200g eog wedi ei dorri'n fân
150ml dŵr		½ lemon cadw wedi ei dorri'n fân
1 llwy de past harissa*	2 sialotsyn wedi eu torri'n fân	
1 llwy de powdr stoc llysiau		1 wy wedi ei guro

POPTY: 200°C / 180°C FFAN / NWY 6

Berwch y dŵr mewn sosban ac ychwanegwch y couscous, y past harissa a'r powdr stoc. Cymysgwch bopeth cyn rhoi caead ar y sosban a choginiwch dros wres isel am tua 5 munud, cyn ei dynnu oddi ar y gwres a'i adael am ryw 5 munud arall nes bod y couscous yn barod.

Mewn padell ffrio, ffrïwch y ffenigl a'r sialóts dros wres isel nes eu bod wedi dechrau meddalu. Tynnwch y badell oddi ar y gwres ac ychwanegwch ei chynnwys a'r cynhwysion eraill at y couscous a'u cymysgu'n dda. Pan fydd y gymysgedd wedi oeri digon, ffurfiwch 6 o gacennau bychain. Gallwch eu cadw yn yr oergell nes y byddwch yn barod i'w coginio, ac mi fyddan nhw'n elwa o galedu fymryn cyn eu coginio. Pobwch nhw (efo'r sglodion!) am 20 munud neu ffrïwch nhw'n ysgafn mewn padell am ryw 10 munud – ond gofalwch eich bod yn eu troi yn aml.

Mae harissa yn past o ogledd Affrica – Tunisia yn bennaf – ac yn gyfuniad o wahanol fathau o bupurau, chilli, garlleg, a sbeisys fel coriander a charwe. Mae jar ohono yn cadw'n dda yn yr oergell ar ôl ei agor ac mae'n ddefnyddiol i'w ychwanegu at bob math o brydau gwahanol i roi cic a dyfnder iddynt.

CYRRI PYSGOD ⏱ 🐟 💲

Dw i'n credu mai rysáit o Goa ydi hon yn wreiddiol, a finnau wedi dod o hyd iddi mewn cylchgrawn a'i haddasu fymryn. O ran y math o lysiau sydd ynddi, sef rhai sy'n coginio'n sydyn, mae'n arbennig o addas ar gyfer yr haf. Mae'r rysáit yma yn ddigon i fwydo 2 berson ond mi fyddai'n gwneud pryd ardderchog i'w rannu efo criw.

AR GYFER 2 BERSON

2 lwy fwrdd hadau coriander	1 tun 400ml llefrith cnau coco	400g darnau o bysgod cadarn, e.e. morlas, maelgi,
1 llwy fwrdd hadau cwmin	1 ffon sinamon tua 3–4 cm	eog, corgimychiaid –
1 llwy fwrdd hadau ffenigl	2 seren anise	unrhyw beth cynaliadwy
3 clof	12–15 tatws newydd wedi eu	a gweddol gadarn
3–5 chilli gwyrdd (yn dibynnu ar ba mor boeth rydych chi'n hoffi'ch cyrri)	berwi a'u torri'n chwarteri	sudd 1 leim
3 ewin garlleg wedi eu plicio	250g llysiau wedi eu torri'n fach, e.e. ffa gwyrdd, sibol/ shibwns, moron wedi eu	llond llaw o ddail coriander wedi eu torri'n fras
4cm sinsir	tafellu'n denau, mange tout,	
1 llwy de tamarind	pys, blodfresych, brocoli	
½ llwy de siwgr		

Malwch yr hadau a'r clofs mewn mortar a phestl cyn chwalu'r chilli, y garlleg, y sinsir, y tamarind a'r siwgr efo'i gilydd yn fân – un ai yn y mortar a phestl neu mewn prosesydd bach. Ychwanegwch ddigon o ddŵr i wneud past tebyg i purée tomato.

Mewn wok neu badell ffrio fawr, cynheswch yr olew dros wres isel ac ychwanegwch y past a'i ffrio'n ysgafn am 5 munud. Ychwanegwch y llefrith cnau coco, y sinamon a'r seren anise a choginiwch bopeth am 10 munud.

Ychwanegwch y tatws a'r llysiau a pharhau i goginio popeth yn y saws am 5 munud arall.

Ychwanegwch y pysgod a choginio'r cyfan am 7–10 munud nes bod y llysiau a'r pysgod yn barod. Gwasgwch sudd y leim dros y cyfan ac ysgeintiwch y coriander drosto cyn ei weini mewn powlenni ar ei ben ei hun neu efo reis plaen os ydych am gael pryd mwy swmpus.

PASTAI BYSGOD THAI

I mi, mae pastai bysgod yn bryd sy'n rhoi cysur ar noson oer, a'r cyfuniad hufennog o bysgod, tatws stwnsh a saws yn bleser pur. Dwi wrth fy modd hefyd efo blasau cyrri Thai, ac wedi mynd ati i arbrofi efo'r rysáit yma. Tydi'r saig ddim yn rhy sbeislyd, ond mae'r blasau gwahanol yn gweithio'n dda iawn yn y bastai.

DIGON I 4-6

2 daten fawr	3 coes seleri / helogan	200g pys rhew
1 feipen fach	1 goes lemonwellt wedi	1 llwy fwrdd saws
250–400g o bysgod	ei thorri'n fân	pysgod Thai
amrywiol (mae pecyn	6 deilen leim wedi	1 llwy de saws chilli melys
o bysgod cymysg yn	eu torri'n fân	bwnsied bach o ddail
ddefnyddiol iawn)	1 ewin garlleg wedi	coriander wedi eu torri
1 tun 100ml llefrith	ei dorri'n fân	50g menyn
cnau coco	Darn maint eich bawd o	50g blawd plaen
100ml llefrith	sinsir wedi ei dorri'n fân	
2 nionyn	Croen 1 leim wedi ei gratio	

POPTY: 200°C / 180°C FFAN / NWY 6

Coginiwch y tatws a'r feipen mewn dŵr efo ychydig o halen nes eu bod yn feddal. Draeniwch y dŵr. Stwnsiwch nhw efo'i gilydd yn dda a'u rhoi o'r neilltu.

Coginiwch y pysgod mewn sosban efo'r llefrith cnau coco a'r llefrith nes bod y pysgod wedi colli eu tryloywder. Tynnwch oddi ar y gwres a'u rhoi o'r neilltu.

Torrwch y nionod a'r seleri yn fân a'u ffrio'n ysgafn mewn ychydig o olew neu fenyn nes eu bod yn dechrau meddalu. Ychwanegwch y lemonwellt, y leim a'r croen, y garlleg a'r sinsir a'u coginio am 1–2 funud arall.

Ychwanegwch y pys, y saws pysgod Thai, y saws chilli melys a'r dail coriander, a thynnwch y cyfan oddi ar y gwres.

Gan ddefnyddio'r llefrith o'r pysgod, gwnewch saws gwyn efo'r menyn a'r blawd. Ychwanegwch hwn at y llysiau a chymysgwch bopeth yn dda. Rhowch y pysgod ar waelod dysgl bobi sydd yn ddigon mawr i ddal popeth ac yna tywalltwch y saws a'r llysiau drostynt.

Gosodwch neu beipiwch y tatws dros y cyfan (mae'n haws ac yn daclusach llenwi'r ddesgl o'r ochrau am y canol) a choginiwch am 25 munud.

YSTIFFLOG, CHORIZO A LEMON CADW EFO SPELT ⏱ 🐄

Mae gweini ystifflog, sydd bellach ar gael yn ffres ar gownteri pysgod llawer o'r siopau mawr, yn wahanol iawn i'r cylchoedd mewn cytew sydd i'w gweld ar fwydlenni tafarndai.

DIGON I 4 PERSON

100g spelt (gwenith yr Almaen)	1 pupur coch wedi ei dorri'n fân	8 tomato bach wedi eu haneru
400g ystifflog/sgwid wedi ei dorri'n gylchoedd	½ llwy de hadau coriander wedi eu malu	croen 1 lemon cadw wedi ei dorri'n fân
75g chorizo wedi ei dorri'n fân	¼ llwy de paprica poeth wedi ei fygu	
1 genhinen wedi ei thorri'n fân	½ garlleg rhost wedi ei falu'n fân	

Coginiwch y spelt drwy ei ferwi mewn 300ml o stoc llysiau am ryw 20 munud. Tra bydd hwnnw'n coginio, paratowch y cynhwysion eraill.

Draeniwch y spelt ond cadwch unrhyw stoc sydd dros ben. Mewn padell ffrio fawr (un paella neu hyd yn oed caserol llydan), ffrïwch y chorizo nes bod yr olew'n dechrau dod ohono, ychwanegwch yr ystifflog a ffrio'r ddau efo'i gilydd dros wres uchel am 2–3 munud nes bod yr ystifflog wedi colli ei dryloywder. Tynnwch y ddau o'r badell a'u cadw mewn powlen o'r neilltu tra byddwch chi'n paratoi'r gweddill.

Dylai fod digon o olew ar ôl yn y badell i ffrio'r cennin a'r pupurau coch. Gwnewch hynny ar wres canolig am ryw 5–7 munud gan eu troi yn gyson nes y byddwch yn hapus ag ansawdd y llysiau. Pan fo'r llysiau'n ddigon meddal, ychwanegwch y coriander a'r paprica, cymysgwch yn dda a'u ffrio am funud neu

ddau cyn ychwanegu'r tomatos, y garlleg a'r lemon cadw ac yna'r spelt. Ychwanegwch y chorizo a'r ystifflog a chymysgwch bopeth efo'i gilydd. Ychwanegwch ychydig o'r stoc (neu ddŵr) os ydi'r gymysgedd yn rhy sych. Tydi'r saig yma ddim i fod yn hufennog fel risotto, ond bydd ychydig o leithder a stêm yn helpu i gynhesu popeth yn gynt.

Cig

Ychydig iawn o gig ffres roeddwn i'n ei roi ar y fwydlen yn y caffi, ond roedd hynny o gig ro'n i'n ei weini o dro i dro yn gorfod bod o'r safon orau. Dim ond y bacwn a'r selsig gorau o siop y cigydd oedd ar gael amser brecwast, a dim ond wyau ieir buarth ro'n i'n eu defnyddio. Mae'r un peth yn wir yn fy nghegin gartref, wrth gwrs — alla i byth brynu cyw iâr rhad o'r archfarchnad, na phorc rhad o fochyn sydd heb fyw yn yr awyr agored. Mae anifail y fferm sydd wedi byw bywyd da yn un hapus, a'i gig yn well o ran safon. Os ydan ni am fwyta cig, yna mynd am y gorau y gallwn ni ei fforddio ydi'r ateb, a'i fwyta yn llai aml os oes rhaid.

BYRGERS CIG EIDION CARTREF 🐄

Un o'r prydau cyntaf dwi'n cofio eu coginio oedd pan geisiais ail-greu byrgers bwyty Americanaidd yn fy arddegau. Roedd fy mrawd a fi yn arfer mynd i aros efo'n cyfyrder, Ann, yn Llundain – ac ar y pryd doedd y bwâu aur ddim wedi dod yn agos i ogledd Cymru (dyddiau da!), felly roedd byrgers Americanaidd ac ysgytlaeth llawn hufen iâ yn bethau ecsotig a phrin.

Er bod fy nai a'm nîth yn gwsmeriaid rheolaidd, prin yr ydw i'n rhoi f'arian i'r cwmni hwnnw erbyn hyn. Dwi'n dal yn hoff o fyrger bob hyn a hyn, ac mae gwneud rhai eich hun yn gymaint neisiach nag unrhyw rai fedrwch chi eu prynu. Mae'n well o lawer os cewch chi friwgig sydd wedi ei falu'n weddol fras – a pheidiwch â defnyddio cig sydd yn rhy goch. Mae angen y braster i gadw'r byrger yn ddigon llaith.

YN GWNEUD 2 MAWR NEU 4 BYRGER LLAI

1 llwy fwrdd olew	grawn cyflawn	ffres, e.e. persli
1 nionyn bach wedi ei dorri'n fân	50ml cwrw tywyll	½ llwy de halen
	1 llwy fwrdd briwsion bara neu gracers wedi malu	pupur du
500g mins cig eidion		
1 llwy fwrdd mwstard	1 llwy fwrdd perlysiau	

Dewiswch eu gweini gyda: rôls bara, letus, tomato, picl, caws, kimchi (gw. t142)

Cynheswch yr olew dros wres isel a choginiwch y nionod am ryw 10 munud nes y byddan nhw wedi meddalu a brownio, a'u gadael i oeri.

Cymysgwch bopeth efo'i gilydd mewn powlen efo fforc – ond gofalwch rhag gor-gymysgu a malu'r cig yn slwtsh.

Rhannwch y cig yn 2 neu'n 4 darn a ffurfiwch y byrgers yn siapiau yr un maint â'ch rôls. Gorchuddiwch nhw efo cling-ffilm a gadewch nhw yn yr oergell am awr cyn eu coginio er mwyn eu gwneud yn fwy cadarn.

Cynheswch badell ffrio neu radell dros wres canolig a rhowch y byrgers i goginio am 3–4 munud. Peidiwch â'u symud er mwyn i'r gwaelodion grimpio'n braf, ac yna trowch nhw drosodd a'u coginio am 4–7 munud arall hyd nes eu bod wedi coginio fel y dymunwch: mae angen 4 munud ar gyfer cig coch a 7 ar gyfer cig wedi ei goginio drwyddo.

Gadewch i'r byrgers sefyll cyn eu gweini efo'ch hoff ychwanegolion.

CARBONADA CRIOLLA 🐄 🌾

Dyma stiw cig eidion swmpus o Dde America sy'n bryd ynddo'i hun, ond mae'n mynd yn dda iawn efo'r Bara Corn ar dudalen 134.

AR GYFER 6–8 PERSON

1 nionyn mawr neu 2 fach wedi eu malu'n fân	1 tun 400g tomatos	200g bricyll (apricots) sych wedi eu torri yn fras
2 ewin garlleg wedi eu malu'n fân	400–500ml stoc eidion	1 tun bach india-corn (tua 180g) neu gorn wedi ei rewi
1 pupur gwyrdd wedi ei dorri'n giwbiau	3 taten felys wedi eu plicio a'u torri'n giwbiau	/ oddi ar dywysen ffres
4 llwy fwrdd olew	2 daten wedi eu plicio a'u torri'n giwbiau	halen a phupur
750g cig eidion stiwio wedi ei dorri'n ddarnau 2cm	1 sgwash cnau menyn wedi ei blicio a'i dorri'n giwbiau	

Mewn sosban fawr, cynheswch yr olew dros wres canolig a ffrïwch y nionyn, y pupur a'r garlleg nes eu bod yn feddal. Codwch y gwres ac ychwanegwch y cig gan ei droi yn aml er mwyn ei frownio drosto.

Ychwanegwch y tomatos, y rhan y fwyaf o'r stoc, y tatws, y sgwash a'r bricyll a gostwng y gwres fel bod y sosban yn mudferwi a rhowch gaead arni. Ar ôl awr, os ydi'r stiw yn edrych yn rhy dew ychwanegwch fwy o stoc a blaswch i weld a oes angen ychwanegu halen a phupur.

Rhowch y caead yn ôl ar y sosban a choginiwch am hanner awr arall nes bod y cig yn frau. Ychwanegwch yr india-corn a choginiwch am ryw ddeng munud arall.

— ☀ —

Mae'r pryd yma yn un addas iawn i'w goginio mewn crochan trydan a'i adael i goginio drwy'r dydd. Os ydych am wneud hynny, coginiwch yr india-corn ar ei ben ei hun a'i ychwanegu at y stiw cyn ei weini.

MINS MARÓC A COUSCOUS LLIWGAR ⏱

Roedd lasagne, pasta bolognese neu chilli con carne yn bethau rheolaidd ar y bwrdd bwyd yn ystod fy mhlentyndod ac yn brydau rydw i'n dal i'w gwneud yn aml. Rydan ni'n ffodus iawn o fedru prynu briwgig eidion Cymreig da ac mae'r rysáit yma yn ffordd syml a blasus o'i weini os byddwch chi'n chwilio am rywbeth ychydig yn wahanol i'r hen ffefrynnau.

AR GYFER 4 PERSON

Ar gyfer y saws:
1 nionyn coch wedi ei dorri'n fân
2 goes seleri/helogan wedi eu torri'n fân
1 llwy fwrdd olew
500g briwgig eidion
2 ewin garlleg wedi eu tafellu'n denau
½ llwy de powdr chilli
1½ llwy fwrdd ras-el-hanout*

1 pupur coch wedi ei dorri'n fân
2 lwy fwrdd tafelli almonau
1 llwy fwrdd purée tomato
250ml stoc llysiau

Ar gyfer y couscous:
200g couscous
300ml stoc llysiau
Tusw o fintys a thusw o bersli wedi eu torri'n fân

Croen ½ neu 1 lemon cadw bach cyfan wedi ei dorri'n fân (neu gratiwch groen un lemon heb gŵyr)
Hadau 1 pomgranad
50g bricyll sych wedi eu torri'n fân
50g tafelli almon neu 50g o hadau pin neu hadau pwmpen wedi eu tostio yn ysgafn mewn padell ffrio

Ffrïwch y nionyn a'r seleri mewn ychydig o olew dros wres isel am ryw 7 munud.

Ychwanegwch y cig gan droi'r gwres yn uwch i'w frownio am ryw 4–5 munud.

Ychwanegwch weddill y cynhwysion, dewch â phopeth i'r berw, gostwng y gwres a gadael iddo fudferwi am ryw 20 munud tra byddwch yn paratoi'r couscous. Ychwanegwch ychydig mwy o stoc llysiau os ydi o'n sychu gormod, ond nid yw'r saws i fod yn un gwlyb iawn.

Rhowch y couscous mewn powlen ac ychwanegwch y stoc llysiau. Rhowch gaead neu gling-ffilm drosto a'i adael am 10 munud cyn cymysgu'r cynhwysion eraill drwy'r gronynnau.

*RAS-EL-HANOUT

Mae'r gymysgedd hon o sbeisys ar gael i'w phrynu mewn nifer o siopau, ond os oes gennych chi lond cwpwrdd o sbeisys unigol yn barod, beth am wneud peth eich hun?

Mae'n werth gwneud dipyn ohono gan ei fod yn cadw'n dda mewn jar mewn lle tywyll. Un ai malwch bopeth mewn pestl a mortar neu mewn malwr sbeisys/coffi pwrpasol. Mae angen iddo fod yn bowdr.

4 llwy de powdr sinsir
4 llwy de hadau cardamom wedi eu malu
4 llwy de mês/pergibyn
2 lwy de sinamon
2 lwy de pupur Jamaica (allspice)
2 lwy de hadau coriander
2 lwy de nytmeg
2 lwy de tyrmeric
1 lwy de pupur du

— ☀ —

Mae briwgig cig oen hefyd yn gweithio yn dda iawn yn y rysáit yma ac os ydych am wneud fersiwn figan byddai tun o ffa neu gorbys gwyrdd yn ddewis da, neu gallwch ddefnyddio mins Quorn i lysieuwyr.

STIW CIG EIDION A MADARCH UMAMI

Yn ystod ymweliad â Gŵyl Fwyd Conwy mi gefais fy mlas cyntaf o bowdr Umami gan Cynan Jones o'r Ardd Fadarch (gweler tud 94 – cyw iâr hufen a shiîtake). Mae'n gyfuniad o fadarch shiîtake sych, gwymon a Halen Môn. Ar ôl arbrofi efo nifer o ryseîtiau gwahanol rhaid dweud bod i'r powdr ryw hud arbennig! Mae'r Umami yn gwneud y stiw cig eidion a madarch hwn yn fwy cyfoethog a dwfn ei flas rywsut. Mae gan gig eidion stiwio flas cryf ond mae angen amser hir i'w droi'n frau, felly dwi'n paratoi prydau fel hyn yn y bore a gadael i'r crochan trydan weithio drwy'r dydd.

AR GYFER 4 PERSON

400g cig eidion stiwio	2 ewin garlleg wedi eu torri'n fân	4 sbrigyn o deim
1 nionyn wedi ei dorri'n fras		¼ llwy de mês/pergibyn*
2 foronen wedi eu torri'n giwbiau	2cm sinsir ffres wedi ei dorri'n fân	500ml stoc eidion
200g unrhyw fadarch	1 ddeilen llawryf	2 lwy de powdr Umami yr Ardd Fadarch

POPTY: 160°C / 140°C FFAN / NWY 3 / CROCHAN TRYDAN

Torrwch y cig yn ddarnau bach a'u brownio mewn padell ffrio. Gallwch ddefnyddio olew, menyn neu ba bynnag fath o sylwedd sydd orau gennych. Byddai'r toddion o rost cig eidion yn flasus iawn.

Rhowch y cig yn y crochan a ffrïwch y nionod a'r moron yn y badell dros wres isel am ryw 8 munud, ychwanegwch y garlleg a'r sinsir a'u ffrio am funud arall cyn arllwys hanner y stoc i'r badell. Ychwanegwch y cyfan at y cig.

Trowch y gwres o dan y badell ffrio yn uwch a thaflwch y madarch i'r badell a'u ffrio, gan eu troi'n ysgafn am ryw 3 munud. Rhowch weddill y stoc drostynt a'u hychwanegu at y cynhwysion eraill. Rhowch dro go dda i bopeth wrth ychwanegu'r ddeilen llawryf, y teim, y pergibyn a'r rhinflas Umami. Rhowch y caead ar y crochan. Ar ôl 20 munud trowch y crochan i lawr i'r gwres isaf, a'i adael am 5 awr o leiaf. Os ydych chi am ei goginio yn y popty, bydd angen ei adael am tua 2½–3 awr nes y bydd y cig yn frau.

Pan fyddwch chi'n barod i'w fwyta, arllwyswch y rhan fwyaf o'r hylif o'r ddysgl i sosban ac un ai ei fudferwi nes ei fod wedi lleihau i'r hanner, neu ychwanegwch 2 lwy de o flawd corn wedi ei droi yn bast efo ychydig o ddŵr a'i droi dros y gwres nes i'r saws ferwi a thewychu.

Mês/Pergibyn: Dyma sbeis (mace yn Saesneg) sy'n cael ei wneud o'r sylwedd sy'n gorchuddio nytmeg. Mae'n cael ei adnabod hefyd fel cnau'r India a chnau'r mas. Mae'n cael ei sychu a'i falu'n bowdr fel arfer ac mae'n ychwanegu blas melys, persawrus ac ychydig o gynhesrwydd i seigiau sawrus a melys.

STIW CIG EIDION A SELERIAC

Un o fy hoff lysiau gaeaf ydi seleriac. Mae'n gwneud stwnsh ardderchog eto tatws, mae'n hyfryd wedi ei rostio ac yn foethus iawn wedi ei gratio a'i gymysgu efo meionês, ychydig o fwstard, sudd lemon a phersli, fel rémoulade, i'w weini fel dewis gwahanol i'r colslo arferol. Yn y rysáît hon dwi'n ei gynnwys mewn stiw yn lle tatws, i greu pryd sydd ychydig yn fwy ysgafn ond yn dal yn ddigon swmpus i'r gaeaf.

AR GYFER 4–6 PERSON

700g o gig eidion stiwio wedi ei dorri'n giwbiau

50g blawd plaen

3 llwy fwrdd olew

12 nionyn bach wedi eu plicio ac 1 nionyn mawr wedi ei dorri'n stribedi

2 ewin garlleg wedi eu torri'n fân

200ml gwin coch

400ml stoc eidion poeth

2 sbrigyn o deim ffres neu 1 llwy de sych

3 moronen wedi eu torri'n gylchoedd tewion

200g seleriac wedi ei blicio a'i dorri'n giwbiau

persli ffres i'w addurno

POPTY: 160°C / 140°C FFAN / NWY 3 / CROCHAN TRYDAN.

Cymysgwch y cig efo'r blawd ac ychydig o halen a phupur a chynheswch 2 lwy fwrdd o olew mewn padell ffrio. Ffriwch y cig am ryw 4–5 munud i'w frownio cyn ei drosglwyddo i gaserol/crochan. Ychwanegwch y nionod a'r moron a'r garlleg a'u ffrio'n ysgafn am 2–3 munud cyn eu rhoi nhw efo'r cig. Rhowch y gwin yn y badell a chymysgwch efo suddion y cig er mwyn cael pob mymryn bach blasus allan o'r badell. Tywalltwch hwn dros y cig a'r llysiau ac yna ychwanegwch y stoc gan gymysgu popeth yn dda.

Os ydych chi'n defnyddio crochan trydan, ychwanegwch y seleriac rŵan a choginiwch ar wres isel am 6 awr.

Rhowch gaead ar y caserol a'i goginio yn y popty am 2½–3 awr. Ychwanegwch y seleriac a choginiwch am 30–45 munud arall nes bod y seleriac yn feddal a'r cig yn frau.

CYW IÂR SARDINIA

Creu pryd y gellir yn hawdd ei baratoi ymlaen llaw, ac sy'n edrych ac yn arogli'n fendigedig ydi'r gyfrinach pan fyddwch chi'n coginio i griw o bobl. Mae'r rysáit yma yn un o'r seigiau perffaith ar gyfer achlysuron felly ac mi gafodd ei chynnwys ar fwydlen parti pen-blwydd ffrind yng nghaffi Cegin ychydig flynyddoedd yn ôl. Roedd un o'r gwesteion wedi ei ganmol yn arbennig gan nad ydi o fel arfer yn hoffi ffenigl o gwbl, felly dwi'n ei gyfri'n llwyddiant mawr!

AR GYFER 4 PERSON

8 darn o goesau cyw iâr (cluniau a choesau ar wahân)	Llond llaw o olifau duon
2 bwlb ffenigl wedi eu torri'n 8 darn	2 lwy de o hadau ffenigl wedi eu malu'n ysgafn
8 ewin garlleg cyfan yn eu crwyn	1 llwy de pupur du
	1 gwydr gwin gwyn sych
	1 llwy fwrdd olew olewydd

POPTY: 200°C / 180°C FFAN / NWY 6

Cyfunwch bopeth a'i fwydo yn yr oergell am ddwy awr o leiaf a hyd at ddiwrnod, gan ei droi bob hyn a hyn.

Pan fyddwch yn barod i'w goginio, cynheswch y popty a rhowch bopeth mewn tun rhostio gan ysgeintio ychydig o halen drosto.

Rhostiwch am hyd at awr, gan godi'r hylif dros y cynhwysion bob hyn a hyn. Bydd yn barod pan fydd y cyw wedi brownio a'r ffenigl yn feddal. Gallwch wneud yn siŵr fod y cyw wedi ei goginio'n llwyr drwy roi cyllell finiog neu sgiwer yn y darnau tewaf, a dylai'r hylif sy'n dod ohono fod yn glir.

CYW IÂR RHOST EFO RAS-EL-HANOUT, HARISSA A LEMON ⊛

Mae blas gwyliau ar y saig yma – a bydd arogl hyfryd y sbeisys poeth yn llenwi'ch cegin wrth i'r cig rostio.

DIGON I 6

200g menyn	2 lwy fwrdd past harissa	cyw iâr cyfan – tua 1.2 i 1.5kg
2 lwy fwrdd ras-el-hanout (gweler t.84)	1 llwy de cwmin	2 lemon ffres wedi eu haneru
3 ewin garlleg wedi eu malu'n fân	1½ llwy de sinamon	250ml stoc cyw iâr
1 llwy fwrdd o sinsir wedi ei ratio	2 lwy fwrdd past tomato	125ml gwin gwyn (os dymunwch)
2 lwy fwrdd o lemon cadw wedi ei dorri'n fân	2 lwy fwrdd coriander a phersli ffres wedi ei dorri'n fân	Perlysiau ffres neu sych, e.e. teim, rhosmari, oregano

POPTY: 180°C / 160 °C FFAN / NWY 4

Cynheswch y popty a chymysgwch y menyn efo'r cynhwysion eraill o'r ddwy golofn gyntaf yn dda.

Gwthiwch eich bysedd o dan groen y cyw iâr uwchben y frest gan wahanu'r croen oddi wrth y cnawd yn ofalus. Rhowch hanner y menyn rhwng y croen a'r cnawd fesul dipyn, a thylinwch y croen i'w wasgaru a llyfnhau'r lympiau. Rhwbiwch fenyn dros goesau'r cyw a rhowch y gweddill tu mewn iddo efo hanner lemon ffres.

Rhowch y cyw a gweddill y lemonau mewn tun rhostio efo'r stoc, y gwin a'r perlysiau. Coginiwch am 1½ –2 awr nes bydd y cyw wedi brownio a choginio drwyddo. Cadwch lygad arno a gorchuddiwch y frest efo ffoil os ydi hi'n dechrau brownio gormod.

CYW IÂR, HUFEN A SHIITAKE ⏱ ⊘

Mi gymerodd hi nifer o flynyddoedd cyn i mi ddod yn hoff o fwyta madarch – roedd 'na rywbeth am eu hansawdd doeddwn i ddim yn gallu ei ddioddef ers talwm – ond yn raddol, wrth ddechrau mwynhau cawl madarch, pate a seigiau eraill lle'r oedd y madarch wedi eu chwalu'n fân, mi dyfodd y blas arna i, ac erbyn hyn, dwi hefyd yn mwynhau'r ansawdd!

Profiad difyr iawn oedd cael mynd am dro efo Cynan Jones a'i ferch Megan o gwmni Yr Ardd Fadarch, Nantmor, i gasglu madarch gwyllt yn yr hydref. Mi ddaethon ni o hyd i ddigon o rai bwytadwy a ynghyd â rhai y mae galw mawr amdanynt fel chanterelles a ceps – ond fuaswn i ddim yn ddigon hyderus i gasglu rhai bwytadwy gwyllt ar fy mhen fy hun! Llawer gwell i mi ydi prynu rhai o'r madarch shiitake ac wystrys blasus sy'n tyfu yn y cabanau metel sydd wedi eu haddasu'n arbennig yn yr Ardd Fadarch.

AR GYFER 2 BERSON

2 frest cyw iâr wedi eu torri'n giwbiau swmpus	tua 180g madarch shiitake wedi eu tafellu	1 llwy fwrdd dail teim neu taragon ffres
1 llwy fwrdd olew	½ gwydr gwin gwyn sych	2 lwy fwrdd hufen dwbl
1 sialotsyn wedi ei dorri'n fân	100ml stoc llysiau/cyw iâr	halen a phupur
1 ewin garlleg		

Rhowch ychydig o halen a phupur dros y cyw cyn ei frownio yn yr olew mewn padell ffrio dros wres canolig am ryw 5 munud, ac yna ei roi o'r neilltu.

Trowch y gwres i lawr yn weddol isel ac ychwanegwch y sialotsyn a'r garlleg a'u gadael i feddalu am ryw 2 funud. Codwch y gwres ac ychwanegwch y shiitake gan eu tro-ffrio am ryw 4 munud. Taflwch y gwin gwyn i'r gymysgedd gan droi'r cyfan er mwyn casglu'r darnau bach blasus sydd wedi glynu at waelod y badell. Ychwanegwch y stoc a'r cyw iâr, a dod â phopeth i'r berw cyn troi'r gwres i lawr eto, a'i adael i fudferwi am 5 munud. Ychwanegwch y teim a'r hufen a'i droi nes bod popeth yn dod at ei gilydd.

Mae'n flasus efo llysiau a reis, tatws newydd neu fel saws i basta.

SALAD MEFUS, EIDION, A FFACBYS LEMON RHOST ⏱ 🐄

Salad ychydig yn wahanol sy'n cyfuno'r melys a'r sawrus yn fendigedig.

AR GYFER 2 BERSON

Stecen ffiled neu syrlwyn – tua 300g

llond llaw o ferwr (rocket)

2–3 fflored blodfresych amrwd wedi eu gratio

8 mefusen, wedi eu tafellu

100g ffacbys rhost (gw. t 16)

Dresin:

1 llwy fwrdd finegr balsamig

1 llwy fwrdd sudd lemon

3 llwy fwrdd olew had rêp

1 llwy de mêl

halen a phupur

Coginiwch y stecen mewn padell dros wres uchel nes ei bod yn binc yn y canol (tua 2–3 munud bob ochr, yn dibynnu ar drwch y cig) a'i gadael i sefyll am 5 munud tra byddwch yn cymysgu'r cynhwysion eraill efo'i gilydd. Gwnewch y dresin gan gymysgu popeth yn drylwyr. Torrwch y stecen yn dafelli tenau a'i chymysgu drwy'r salad. Diferwch y dresin dros y cyfan a'i weini yn syth.

BYRGERS BREST OEN

Rydan ni'n ffodus o gael oen cyfan bob blwyddyn fel rhent am bori'r tir o gwmpas ein tŷ. Mae cinio rhost o ysgwydd neu goes yn hyfryd, wrth gwrs, y golwython yn hawdd a sydyn i'w paratoi a'r gwddw yn gwneud lobsgows bendigedig – ond mae'r frest yn gofyn am ychydig mwy o waith a dychymyg. Coginio araf am amser hir, efo hylif ac ychydig o lysiau'r gaeaf, sydd orau ar gyfer y frest. Dwi wedi bod yn dilyn rysáit Elizabeth David ar gyfer cig oen Sainte-Menehould, sy'n hyfryd iawn, ond mae'r byrgers hyn yn haws i'w gwneud ac yn flasus iawn.

YN GWNEUD 4 BYRGER

140g cig brest oen wedi ei goginio a'i oeri	1 llwy fwrdd saws Caerwrangon (Worcestershire sauce)	1 wy
50g cennin wedi eu torri'n fân	140g tatws stwnsh oer	1 llwy fwrdd blawd
50g madarch wedi eu torri'n fân	1–2 lwy fwrdd persli wedi ei dorri'n fân	

POPTY: 180°C / 160°C FFAN / NWY 4

Rhowch y cennin a'r madarch mewn padell efo ychydig o olew a'u ffrio'n ysgafn am ryw 8 munud nes bod y cennin yn feddal. Tynnwch hynny o fraster fedrwch chi, ynghyd â'r croen, oddi ar y cig a'i dorri'n fân. Ychwanegwch y cig i'r badell a'i goginio am 5 munud gan ei droi'n aml. Tynnwch y badell oddi ar y gwres ac ychwanegu'r saws Caerwrangon a'i droi i ryddhau'r darnau sydd wedi glynu at waelod y badell. Tywalltwch y gymysgedd i bowlen efo'r persli, y blawd, yr wy a'r tatws a chymysgu'r cyfan. Siapiwch yn 4 byrger a'u coginio yn y popty am 15 munud, neu eu rhoi yn ôl yn y badell efo ychydig o olew nes bod y ddwy ochr wedi brownio'n dda.

Rhowch y byrgers mewn rôl efo salad a saws mintys/meio/sos coch/gercin/catwad (chutney) neu beth bynnag sydd orau gennych.

RAVIOLI CIG OEN A CHENNIN

Dyma rysáit ar gyfer llenwad i ravioli a ddaeth i fod wrth arbrofi efo briwgig cig oen tra oeddwn yn gwrando ar gêm rygbi ryngwladol rhwng Cymru a'r Eidal yn 2013. Y sgôr oedd 26-9, ac aeth Cymru ymlaen i ennill y bencampwriaeth.

Mi fyddai hi'n bosib defnyddio gweddillion cig oen rhost o'r cinio dydd Sul wedi eu torri'n fân, ond mi fyddai'r llenwad ychydig yn sychach, ac o bosib byddai'r gwahanol gamau braidd yn ormod o waith ar nos Lun ar ôl dod adref o'r gwaith!

AR GYFER 4 PERSON

Llenwad:		Saws:
250g o friwgig cig oen (neu weddillion cig rhost wedi eu torri'n fân)	6 ewin garlleg rhost (heb eu crwyn) neu 3 ewin garlleg amrwd wedi eu malu'n fân	80g caws Caerffili neu ffeta
2 genhinen wedi eu torri'n fân	1 llwy de powdr cwmin	30g menyn
	1 llwy de saets	1 llwy fwrdd rhosmari ffres wedi ei dorri'n fân
	2 lwy de paprica	200ml hufen dwbl
	1 llwy fwrdd purée tomato	100ml stoc llysiau
	2 lwy de powdr stoc llysiau	

Browniwch y cig oen mewn padell ffrio ddofn neu gaserol ac yna ychwanegwch weddill cynhwysion y llenwad heblaw'r caws. Cymysgwch bopeth yn dda ac yna tywalltwch 100ml o ddŵr berw dros y cwbl. Gadewch i'r gymysgedd goginio dros wres canolig nes bod y cennin yn feddal a'r cwbl wedi tewychu. Gadewch i'r gymysgedd oeri rhywfaint cyn ychwanegu'r caws.

Paratowch 200g o basta ffres yn ôl y rysáit ar dudalen 138.

Ysgeintiwch y bwrdd gwaith efo ychydig o flawd a gosodwch 1 stribed o basta 1½–2mm o drwch arno. Gosodwch 1 llwy de o'r gymysgedd cig bob 5cm ar hyd y pasta, gan adael tua 2cm o basta o gwmpas pob un. Defnyddiwch frwsh i beintio dŵr oer o gwmpas y twmpathau llenwad cyn gosod darn arall o basta o'r un maint ar eu pennau a gwasgu o gwmpas ymylon pob twmpath er mwyn eu selio at ei gilydd. Torrwch o gwmpas pob darn efo cyllell neu dorrwr crwst/ravioli i wneud sgwariau neu gylchoedd, ysgeintiwch nhw efo blawd a'u rhoi o'r neilltu nes byddwch yn barod i'w coginio. Gwnewch yr un fath efo gweddill y pasta a'r llenwad. Rhowch sosban fawr o ddŵr i ferwi a pharatowch y saws.

I wneud y saws, toddwch y menyn mewn sosban ac ychwanegwch y rhosmari a'i ffrio'n ysgafn am ddau funud. Ychwanegwch yr hufen a'r stoc llysiau a'u cymysgu'n dda. Gadewch i'r saws fudferwi am ychydig funudau dros wres isel tra byddwch yn coginio'r ravioli.

Berwch y ravioli am 6 munud neu nes eu bod yn codi i wyneb y dŵr. Rhannwch y ravioli rhwng 4 plât a thywalltwch y saws drostynt.

Am fersiwn llysieuol trïwch ddefnyddio llenwad y Cannelloni cennin a Chaerffili t.42

PORC RHACS EFO SEIDR ⌾ ◉

Dyma fersiwn o saig sy'n trendi iawn ers cwpl o flynyddoedd bellach sef pulled pork, a ddaw'n wreiddiol o America, er bod fersiynau gwahanol i'w cael ar draws y byd. Yn syml, y cysyniad ydi coginio cig mochyn yn araf efo hylif asidig ac amrywiaeth o bethau i ychwanegu blas. Mae'r ysgwydd yn rhatach na'r goes ac yn gweddu'n iawn i'r math yma o goginio araf.

AR GYFER 6 PERSON, O LEIAF

Darn o ysgwydd mochyn tua 1½– 2kg, heb asgwrn os oes modd	6 ewin garlleg wedi eu tafellu	1 llwy fwrdd teim sych
		250ml seidr
	1 llwy de chilli sych	200ml finegr gwyn/
2 lwy fwrdd olew	2 lwy de paprica wedi ei fygu	finegr seidr
3 nionyn mawr wedi eu tafellu	1 llwy fwrdd mwstard grawn cyflawn	

POPTY: 170°C / 150°C FFAN / NWY 3

Gallwch un ai coginio hwn yn y crochan trydan neu yn y popty – mae'r ddwy ffordd yn effeithiol ond ychydig yn wahanol. Tynnwch y croen a'r braster oddi ar y cig os dymunwch, un ai cyn coginio neu pan fyddwch chi wrthi'n tynnu'r cig yn ddarnau.

Cynheswch yr olew mewn padell fawr dros wres cymedrol. Coginiwch y nionod nes eu bod yn dechrau meddalu ac yna ychwanegwch y garlleg, y chilli, y paprica, y mwstard a'r teim a chymysgu'n drylwyr. Tynnwch y badell oddi ar y gwres a throsglwyddo'r cynnwys i dun rhostio neu grochan. Rhowch y porc ar ben y gymysgedd ac yna tywalltwch y seidr a'r finegr drosto. Un ai rhowch y caead ar y crochan neu rhowch haenen o bapur pobi dros y cig a lapiwch eich tun mewn dwy haenen o ffoil i gadw'r stêm i mewn.

Coginiwch am 8 awr o leiaf ar wres isaf y crochan neu 4 awr ar y gwres uchaf. Trosglwyddwch y porc i dun rhostio, tywalltwch y saws drosto ac yna rhowch y cyfan yn y popty am 30–45 munud i frownio'r porc.

Os nad ydych yn defnyddio crochan trydan, gosodwch y popty ar wres o 160°C/140° ffan/ Nwy 2, coginiwch am 3 awr ac wedyn tynnwch y ffoil a'r papur a'i goginio am awr arall.

Er mwyn tynnu'r cig yn ddarnau, defnyddiwch ddwy fforc. Rhowch un yng nghanol yr ysgwydd a rhacsiwch y cig efo'r llall.

Yn draddodiadol, gweinir y cig efo colslo, picls a bara.

Pethau melys

Melys moes mwy! Er bod yn well gen i fwyd sawrus ar y cyfan, dwi'n mwynhau pethau melys ac mae gwneud cacen i'w rhannu yn brofiad pleserus. Mae'r adran hon yn cynnwys cacennau a bisgedi llawn siwgr a menyn ac ambell beth mwy iachus ond yr un mor flasus i ddiwallu anghenion y dant melys.

TORTH FANANA, MÊL A CHNAU

Gyda'r cynnydd yn y nifer o farchnadoedd ffermwyr ledled y wlad, mae hi'n weddol hawdd prynu mêl lleol erbyn hyn. Mae gan fêl gymaint yn fwy o'i blaid na siwgr o ran maeth a blas, ac mae'n werth ceisio gwneud mwy o ddefnydd ohono. Mae'n ffordd wych hefyd o ddefnyddio bananas goraeddfed.

I WNEUD UN DORTH FACH

100g siwgr brown meddal	4 banana goraeddfed	Crafiad yr un o
100g mêl	180g blawd codi	nytmeg a sinamon
60g olew	2 lwy de powdr pobi	100g cnau a ffrwythau sych
2 wy	½ llwy de halen	ychydig o siwgr Demerara

POPTY: 170°C / 150°C FFAN / NWY 4

Cynheswch y popty a pharatowch dun torth bach drwy ei leinio efo papur pobi.

Rhowch y siwgr, y mêl a'r olew mewn powlen a'u curo'n dda nes bod y gymysgedd yn lliw golau. Mae defnyddio peiriant cymysgu yn gwneud pethau'n haws fan hyn. Ychwanegwch yr wyau a'u curo nes bod popeth wedi ei gymysgu'n drwyadl.

Stwnsiwch 2 fanana yn llwyr a'u hychwanegu at y gymysgedd. Ysgeintiwch y blawd, y powdr pobi a'r halen efo'i gilydd i'r bowlen a chymysgwch bopeth yn drylwyr efo llwy cyn ychwanegu'r cnau, y ffrwythau a'r 2 fanana arall wedi eu torri'n giwbiau.

Rhowch y gymysgedd yn y tun, ysgeintiwch ychydig o siwgr Demerara dros y dorth a'i phobi am tua 40–50 munud nes bod sgiwer yn dod allan ohoni'n lân. Gadewch i'r gacen oeri yn y tun am 10 munud cyn ei thynnu allan i oeri'n llwyr.

BARIAU EGNI

Fel y soniais eisoes, mi fues i'n ddigon ffodus i gael helpu i fwydo'r cerddwyr a'r criw wrth gefn ar daith Cerddwn Ymlaen 2014, a hynny yn fan fawr goch newydd sbon y cogydd Mel Thomas, Arlwyo Hafan. Mi gawson ni nawdd ar ffurf bwyd gan gwmni bwyd Harlech a help llaw a chwmni hawddgar Ema Wynne Williams am wythnos fythgofiadwy o deithio o le i le yn ceisio cynnal egni'r cerddwyr. Y bariau hyn oedd y pethau cyntaf wnaethon ni iddyn nhw, ac roedden nhw'n hynod o boblogaidd. Roedden ni'n eu torri a'u pacio mewn blychau bach plastig er mwyn i'r tîm meddygol eu rhannu â'r cerddwyr yn ystod y daith. Mae'r rysáit yma'n gwneud 32 bar – gallwch ei haneru wrth gwrs, neu goginio'r cyfan ar gyfer achlysur arbennig (hanner amser mewn gêm bêl-droed/hoci/rygbi efallai?).

YN GWNEUD 32 BAR

250g menyn heb halen	Croen 1 lemon ac 1 oren wedi eu gratio'n fân	300g ffrwythau sych cymysg, e.e. rhesins, syltanas, llugaeron, bricyll, datys ac ati
300g siwgr brown meddal/ muscovado ysgafn	400g ceirch uwd (nid rhai jumbo)	
250g menyn cnau mwnci crenshlyd (heb siwgr)		300g hadau cymysg, e.e. pwmpen, blodyn haul, pabi, sesame, llin
150g mêl ac ychydig i'w ddiferu dros y bariau		

POPTY: 180°C / 160°C FFAN / NWY 4

Irwch a leiniwch 2 dun pobi tua 25×35cm o faint. Rhowch y menyn, y siwgr, y menyn cnau, y mêl a chroen y ffrwythau sitrws mewn sosban fawr dros wres isel. Gadewch i'r cyfan doddi gan droi bob hyn a hyn.

Cynheswch y popty. Cymysgwch y ceirch, y ffrwythau sych a 200g o'r hadau cymysg i mewn i'r gymysgedd wlyb yn dda, a'i rhannu rhwng y ddau dun gan ei wasgu i bob cornel a llyfnhau'r top.

Gwasgarwch weddill yr hadau dros y top a diferwch ychydig mwy o fêl dros y cyfan. Rhowch y gymysgedd yn y popty a'i bobi am 30–35 munud nes bod y cyfan yn frown euraid.

Gadewch i'r cyfan oeri'n llwyr yn y tun (mae'n llawer haws i'w dorri fel hyn) ac yna ei droi allan a'i dorri'n fariau neu sgwariau efo cyllell finiog.

Maen nhw'n cadw am 5–7 diwrnod mewn tun aerglos.

BARIAU HEB...

Pan fydda i eisiau colli pwysau, mi fydda i'n mynd i glwb lle rydych chi'n talu'n wythnosol am y fraint o gael eich pwyso gan rywun arall. Yno, cewch gynllun bwyta digon hyblyg, cyngor a chwmni pobl eraill sy'n anelu at yr un nod. Mae'r cynllun dwi'n ei ddilyn yn eich cynghori (ymysg pethau eraill) i fwyta un neu ddau o fwydydd oddi ar ddwy restr wahanol bob dydd. Mae Rhestr A yn cynnwys bwydydd llawn calsiwm, fel caws a llefrith, ac ar Restr B mae bwydydd fel bara a grawnfwydydd sy'n cynnwys tipyn o ffeibr. Mae 'na hefyd amryw o fariau grawnfwydydd ar y rhestr, rhai ohonynt ar gael i'w prynu yn y clwb bob wythnos. Ro'n i'n arfer eu prynu ond ar ôl edrych yn fwy manwl ar y cynhwysion, mi benderfynais nad oedden nhw'n iach iawn, a dechrau meddwl am rywbeth mwy iachus fyddai'n gallu cymryd eu lle. Er mwyn creu 6 bar mi wnes i gymysgu 6 dogn o rai o'r bwydydd oddi ar restr B a'u cymysgu efo'i gilydd. Dyma rysáit (ar ôl arbrofi dipyn!) sy'n gwneud 12 bar. Dewiswch chi pa gyfuniad o gynhwysion i'w rhoi yn eich cymysgedd chi yn ôl eich chwaeth/beth sydd yn y tŷ.

Mi allwch chi rewi 6 bar, wrth gwrs, os na fyddwch chi'n debygol o'u bwyta mewn wythnos.

YN GWNEUD 12 BAR

70g ceirch	40g aeron Goji/datys/mango sych	*Dewisol:*
40g cnau cashiw NEU 46 cnau cyll	60g bricyll sych	12 diferyn o rinflas naturiol, e.e. ceirios, almon, oren
32 cnau almon NEU 70 pistasio	50g afal sych/gellyg sych/ffigys sych	Hadau cardamom/croen lemon/nytmeg/sinamon/sinsir
2 lwy fwrdd hadau chia/sesame/llin	65g prwns sych	*(gallwch gynnwys darnau o siocled, ond pwyswch a chyfrwch y rheiny os ydych chi'n dilyn cynllun colli pwysau tebyg)*
2 lwy fwrdd hadau pwmpen/blodyn haul	1 wy mawr	

POPTY: 180°C / 160°C FFAN / NWY 4

Cynheswch y popty. Torrwch y cnau a'r ffrwythau yn weddol fân, un ai efo cyllell neu mewn prosesydd. Cymysgwch bopeth yn drylwyr mewn powlen gan ychwanegu'r wy i gadw popeth efo'i gilydd, ac ychydig o'r rhinflas o'ch dewis (a'r siocled os ydych chi'n ei ddefnyddio).

Leiniwch dun pobi tua 20cm sgwâr efo papur pobi, gwasgwch y gymysgedd yn drylwyr ac yn lefel a phobwch y cyfan am 15 munud. Wedi i gynnwys y tun oeri yn llwyr, torrwch yn 12 bar o'r un maint.

HADAU – maen nhw'n llawn maeth ac mae hadau fel sesame, blodyn haul, pwmpen ac ati yn gallu troi salad syml yn rhywbeth llawer mwy diddorol, yn enwedig os gwnewch chi eu tostio nhw. Maen nhw hefyd yn ychwanegu crensh a blas ychwanegol ar ben bara, crymbl, lasagne neu mewn saig Tsieineaidd.

BARIAU AMRWD

Yn seiliedig ar y bariau iachus blasus poblogaidd Nakd, mae'r rhain yn hynod o hawdd i'w gwneud gartref os oes gennych chi brosesydd bach. Dwi wedi eu gwneud nhw efo blas siocled a hefyd efo rhinflasau ceirios a charamel, ond mi fedrwch chi drio beth bynnag sydd at eich dant – neu at ddant y plant.

YN GWNEUD 6 BAR

100g datys heb gerrig	*Blas:*
60g cnau almon neu gashiw	1 llwy fwrdd powdr coco / 2
30g rhesins / llugaeron	dropyn o rinflas o'ch dewis

Malwch y cnau yn gyntaf nes y byddan nhw'n debyg i friwsion bara mân. Ychwanegwch weddill y cynhwysion a'u prosesu yn ysbeidiol (y botwm pwls) nes y bydd y cyfan yn friwsion efo'i gilydd. Rhowch y gymysgedd mewn tun neu ddysgl fechan a'i gwasgu yn llyfn. Torrwch y gymysgedd yn 6 bar unigol a'u cadw yn yr oergell i galedu.

TARTEN HARTEN

Dwi wedi rhoi enw ychydig yn chwareus ar y darten hon gan ei bod yn cynnwys cymaint o fraster a siwgr – ond wir i chi, mae hi'n werth pob calori! Mae'r rysáit yn gwneud dwy darten fach, un i'w chadw yn y rhewgell neu i'w rhoi yn anrheg, a'r llall i'w mwynhau fesul sleisen fach.

DIGON I 10-12

Crwst:	*Llenwad*:	
300g bisgedi ceirch melys	300g siwgr gwyn	230g menyn
110g menyn	175g siwgr brown golau	200ml hufen dwbl
1½ llwy de siwgr brown	¼ llwy de halen	1 llwy de echdynnyn fanila
pinsiad halen môr	45g powdr llefrith	4 melynwy

POPTY 190°C / 170°C FFAN / NWY 5

Paratowch y crwst yn gyntaf drwy brosesu'r cynhwysion i gyd mewn peiriant. Pan fydd y gymysgedd wedi ei chyfuno'n dda, rhannwch rhwng dau dun tarten 10 modfedd. Gwasgwch y crwst ar hyd ochrau a gwaelod y tuniau yn haenen denau, solet.

Nesaf, paratowch y llenwad drwy chwisgio'r siwgr, yr halen a'r powdr llefrith efo'i gilydd mewn powlen. Toddwch y menyn a'i ychwanegu at y gymysgedd efo'r hufen a'r fanila. Curwch y pedwar melynwy a'u hychwanegu i'r bowlen, gan ofalu peidio ag ychwanegu gormod o aer.

Cynheswch y popty a rhannwch y gymysgedd rhwng y ddwy darten. Coginiwch am 15 munud cyn gostwng y gwres i 170°C/150°C ffan/Nwy 3 a'u coginio nes bod y llenwad yn frown euraid ac yn symud fel jeli wrth ei ysgwyd – tua 15 munud arall.

Gadewch iddyn nhw oeri ar resel cyn eu symud i'r oergell i oeri'n llwyr. Maen nhw ar eu gorau yn oer. Ysgeintiwch siwgr eisin drostynt cyn eu gweini.

TARTENNI CARAMEL DATYS A CHNAU FFRENGIG ⏱

Mae'r rhain yn eithaf tebyg i'r darten Americanaidd glasurol Pecan Pie, ac mi allwch ddefnyddio'r cnau hynny neu rai eraill os dymunwch. Does dim rhaid i chi wneud y crwst eich hun chwaith – mae casys crwst ar gael i'w brynu, ond mae'n well gen i grwst teneuach a mwy delicet.

YN GWNEUD 4 TARTEN GANOLIG NEU 8 FACH

100g caramel datys (gweler tud 144)	2 lwy fwrdd Toffoc neu wirod melys arall megis Amaretto	50g cnau Ffrengig
		4 neu 8 cas crwst brau wedi eu pobi'n barod

POPTY: 180°C / 160°C FFAN / NWY 4

Cymysgwch y caramel efo'r gwirod a'i osod mewn casys crwst sydd wedi eu pobi'n wag (gweler rysáit crwst, tud 146). Gosodwch y cnau ar ben y caramel a rhowch y tartenni yn y popty am 8–10 munud.

Maent ar eu gorau wedi eu gweini yn gynnes efo hufen neu hufen iâ.

HUFEN IÂ CYRENS DUON

Dwi wrth fy modd efo cyrens duon, neu rufon duon, o roi'r hen enw Cymraeg arnyn nhw. Maen nhw'n tyfu'n dda iawn yn yr ardd ac angen y nesa peth i ddim gofal – diolch byth! Maen nhw'n rhewi'n dda iawn, felly os oes digon o le yn eich rhewgell, yna does dim angen penderfynu'n syth sut i'w defnyddio. Os ydych chi'n bwriadu eu rhoi nhw mewn cacen neu darten, yna tynnwch y goesyn a'r gynffon fach cyn eu coginio – ond efo'r rysáit hufen iâ yma, does dim rhaid mynd i gymaint o drafferth.

YN GWNEUD TUA 500ML

750g o gyrens duon	100g siwgr
300ml dŵr	Cwstard (gweler tud 128)

Rhowch y cyrens duon mewn sosban fawr efo 300ml o ddŵr a'u cynhesu dros wres gweddol isel nes daw'r cyfan i'r berw, yna gadewch i'r ffrwythau ffrwtian am ryw 5-10 munud nes y byddan nhw'n feddal.

Ar ôl gadael i'r gymysgedd oeri fymryn, gwasgwch y ffrwythau drwy ridyll metel i wahanu'r crwyn a'r hadau. Bydd sudd trwchus ar ôl. Mesurwch 500ml o'r sudd i sosban, ychwanegwch 100g o siwgr a'u cynhesu i doddi'r crisialau, yna gadewch i'r gymysgedd oeri'n llwyr.

Dilynwch y cyfarwyddiadau i wneud cwstard yn y rysáit treiffl ar dudalen 128.

Pan fydd y cwstard wedi oeri, cymysgwch o efo hanner y sudd cyrens duon a'i droi mewn peiriant hufen iâ nes y bydd yn barod i'w gadw yn y rhewgell. (Neu rhowch yn syth yn yr oergell mewn twb plastig, gan gofio mynd yn ôl i'r rhewgell i roi tro iddo bob hanner awr nes y bydd wedi rhewi heb grisialau mawrion ynddo.) Cadwch yn y rhewgell nes y byddwch yn barod i'w weini. Gallwch gadw gweddill y sudd yn yr oergell am rai wythnosau – bydd yn gwneud saws ardderchog i'w weini efo'r hufen iâ.

HUFEN IÂ MINS PEIS

Ar gyfer pwdin Nadolig gwahanol mae gwneud hufen iâ sy'n defnyddio mins peis yn syniad da iawn. Mi fydda i yn ei wneud yn fwy arbennig drwy ychwanegu ychydig o lewyrch (glitter) bwytadwy at y gymysgedd ac wedyn ysgeintio mymryn mwy drosto wrth ei weini.

Dilynwch y cyfarwyddiadau i wneud cwstard ar dudalen 128.

Ychwanegwch 6 mins pei wedi eu torri'n ddarnau i'r cwstard oer a'u cymysgu i mewn, a rhewi'r gymysgedd fel uchod.

TARTEN MAFON A CHNAU CYLL

Mae hon yn hyfryd ar ddiwrnod o haf – gorau oll os ydi'r mafon wedi dod o'ch gardd!

Crwst:	*Llenwad:*	15g menyn heb halen
50g cnau cyll	2 melynwy	50ml hufen dwbl
175g blawd plaen	50g siwgr mân	*Addurno:*
pinsiad halen	20g blawd corn	250g mafon
175g menyn	20g blawd plaen	50g cnau cyll wedi'u tostio
65g siwgr mân	300ml llefrith	
1 wy wedi ei guro	1 llwy de echdynnyn fanila	

POPTY: 180°C / 160 °C / NWY 4, WEDYN 190°C / 170°C FFAN / NWY 5

Cynheswch y popty a thostiwch y cnau cyll am 10 munud, eu rhwbio mewn lliain sychu llestri glân i dynnu'r croen ac yna rhowch eu hanner nhw o'r neilltu.

I wneud y crwst, malwch hanner y cnau yn weddol fân mewn prosesydd. Ychwanegwch 25g o'r blawd a phrosesu'r cyfan nes y bydd yn fân iawn. Cymysgwch gyda gweddill y blawd a'r halen.

Mewn powlen lân curwch y menyn a'r siwgr nes y byddan nhw'n ysgafn a hufennog, ychwanegwch hanner yr wy ac yna'r gymysgedd o flawd a chnau. Ychwanegwch fwy o'r wy – digon i gael y gymysgedd i lynu at ei gilydd. Tylinwch y toes nes ei fod yn llyfn, ei lapio mewn cling-ffilm a'r roi yn yr oergell am 20 munud.

Paratowch y llenwad drwy gymysgu'r melynwy, y siwgr, y blawdiau a 2 lwy fwrdd o'r llefrith mewn powlen nes y bydd yn llyfn. Dewch â gweddill y llefrith i'r berw mewn sosban, yna ei guro fesul tipyn i mewn i'r gymysgedd wy.

Rhowch y cyfan yn ôl yn y sosban dros wres canolig a'i droi nes ei fod wedi tewychu ac yn llyfn. Gadewch iddo fudferwi am 2 funud cyn ychwanegu'r echdynnyn fanila a'r menyn a'i gymysgu'n dda. Tynnwch oddi ar y gwres, ei drosglwyddo i bowlen lân i oeri a rhoi cling-ffilm ar yr wyneb rhag i groen ddatblygu arno.

Irwch dun 20 modfedd efo gwaelod rhydd yn barod at bobi'r crwst. Tynnwch y toes o'r oergell a'i osod rhwng dau ddarn o bapur gwrthsaim cyn ei rolio allan yn ofalus i leinio'r tun. Marciwch y toes drosto i gyd efo blaen fforc a'i roi yn yr oergell am hanner awr arall.

Cynheswch y popty i 190˚C ar gyfer pobi'r crwst yn wag. Leiniwch y crwst efo papur gwrthsaim a'i lenwi efo ffa pobi neu newid mân i orchuddio'r gwaelod i gyd. Craswch y crwst am 15 munud, tynnwch y papur a'r ffa a'i grasu eto am 5–7 munud nes ei fod yn euraid. Tynnwch o'r popty a gadewch iddo oeri.

I weini'r darten, tynnwch y crwst o'r tun yn ofalus a'i osod ar blât addas. Tynnwch y llenwad o'r oergell, ac mewn powlen lân, chwipiwch yr hufen yn bigau meddal. Ychwanegwch yr hufen at y llenwad gan ei gymysgu'n ysgafn. Rhowch y gymysgedd yn y crwst oer a gosodwch y mafon ar ei phen gan lenwi'r bylchau efo'r cnau cyll cyfan.

MYFFINS TROFANNOL MANGO, BANANA A CHNAU ⏱

Mae'r cacennau swmpus, llawn ffrwythau yma yn sydyn iawn i'w gwneud gan nad oes yn rhaid curo menyn a siwgr efo'i gilydd am amser hir. Mae Blodyn Aur yn olew hynod iachus sy'n rhoi lliw aur hyfryd i'r myffins ac mae'r cyfuniad o ffrwythau a chnau trofannol yn foethus iawn.

YN GWNEUD 12–16 MYFFIN

125ml olew had rêp Blodyn Aur	2 fanana wedi eu stwnsio	50g cnau macadamia
200g siwgr brown	1 mango wedi ei dorri'n dalpiau bach	250g blawd codi
3 wy	100g cnau coco sych	

POPTY: 180°C / 160°C FFAN / NWY 4

Cynheswch y popty. Cymysgwch yr olew a'r siwgr yn dda mewn powlen cyn curo'r wyau a'u hychwanegu, un ar y tro.

Ychwanegwch y bananas, y mango a'r cnau, a'u cymysgu'n dda, yna, yn sydyn, cymysgwch y blawd i mewn.

Rhannwch y gymysgedd rhwng casys myffins papur mewn tun a'u rhoi yn y popty am tua 20 munud nes eu bod yn euraid a sgiwer yn dod allan ohonynt yn lân.

CACEN OREN AC ALMON ◉ ☕

Mae'r rysáit yma'n un heb flawd na menyn ac mae'n defnyddio oren cyfan – peidiwch â thynnu'r croen. Y canlyniad yw cacen ysgafn, felys efo cic fawr o flas oren. Wnaiff hi ddim para yn hir ...

2 oren	200g siwgr mân
5 wy	225g almonau mâl

POPTY: 180˚C / 160˚C FFAN / NWY 4

Sgrwbiwch yr orenau yn dda er mwyn gwaredu'r cwyr, eu torri'n ddarnau bach (gan dynnu'r hadau) ac yna eu coginio yn ysgafn mewn sosban efo mymryn o ddŵr am 30 munud nes eu bod yn feddal. Gadewch iddyn nhw oeri ychydig.

Cynheswch y popty a leiniwch dun cacen crwn 20cm efo papur silicon. Gwahanwch yr wyau yn felynwy a gwynion. Chwisgiwch y gwynnwy nes eu bod yn creu pigau cadarn ac yna ychwanegwch 100g o siwgr mân a'i chwipio nes bod hwnnw wedi ei gymysgu i mewn.

Mewn powlen arall, chwisgiwch y melynwy efo'r 100g arall o siwgr mân nes bod hwnnw'n hufennog ac wedi troi yn lliw golau.

Malwch yr orenau mewn prosesydd neu efo cyllell nes y byddan nhw'n fân iawn. Ychwanegwch y rhain at y melynwy a'r siwgr, eu cymysgu'n dda ac yna plygwch yr almonau mâl i'r gymysgedd yn ofalus.

Llaciwch y gymysgedd drwy roi 3 llwyaid o'r gwynnwy i mewn iddi yn gyntaf a'i gymysgu, cyn plygu'r gweddill i mewn yn ofalus efo llwy fetel.

Rhowch y gymysgedd yn y tun, ysgeintiwch ychydig o dafelli almon dros y top a'i phobi am 50–55 munud, gan gadw llygad barcud arni ar ôl tua 20 munud i sicrhau nad ydi'r top yn brownio gormod (rhowch ffoil drosto os ydi o). Bydd yn barod pan fydd sgiwer yn dod allan o'r canol yn lân. Gadewch i'r gacen oeri yn y tun cyn ei throsglwyddo i blât i'w gweini.

CACEN RIWBOB A RHOSMARI

Mae hon yn gacen unigryw y bu i mi ei chreu pan oedd gen i lawer o riwbob yn yr ardd. Mae'r rysáit yn defnyddio un wy ond yn ddigon i wneud dwy gacen, felly rhowch un yn anrheg, neu yn y rhewgell, os nad oes criw mawr ohonoch am ei bwyta!

350g siwgr muscovado brown golau	1 llwy de soda pobi	2 lwy fwrdd rhosmari wedi ei dorri'n fân
150ml olew had rep Blodyn Aur	250ml llefrith	*I addurno:*
1 wy	300g riwbob wedi ei dorri'n giwbiau	5 llwy fwrdd siwgr mân
1 llwy de rhinflas fanila	50g tafelli almon	1 llwy fwrdd menyn wedi toddi
300g blawd plaen	2 lwy fwrdd sinsir cadw wedi ei dorri'n fân	25g tafelli almon
1 llwy de halen		

POPTY: 180°C / 160°C FFAN / NWY 4

Cynheswch y popty ac irwch ddau dun cacen 23cm.

Curwch y siwgr brown, yr olew, yr wy a'r rhinflas fanila efo'i gilydd mewn powlen neu beiriant nes bydd y cyfan yn llyfn.

Mewn powlen arall, cymysgwch y blawd, yr halen a'r soda pobi efo'i gilydd. Ychwanegwch y cynhwysion sych yma at y cynhwysion gwlyb yn y bowlen arall am yn ail efo'r llefrith a'u curo nes bod popeth wedi ei gymysgu'n drylwyr. Ychwanegwch y riwbob, y tafelli almon, y sinsir a'r rhosmari, eu cymysgu'n dda a rhannwch y cyfan rhwng y ddau dun.

Cymysgwch y siwgr mân a'r almonau efo'r menyn wedi toddi a thywallt hwn dros wyneb y ddwy gacen yn gyfartal.

Coginiwch am 35–40 munud nes daw sgiwer allan yn lân.

BROWNIES

Rhain ydi'r brownies gorau erioed! Yr unig ffordd o ddifetha'r rhain ydi eu gorgoginio, felly peidiwch â mynd yn bell o'r gegin tra byddan nhw yn y popty! Oes, mae 'na lwyth o fenyn a siwgr a siocled ynddyn nhw, ond dyna sy'n eu gwneud nhw mor hyfryd. Gan eu bod nhw mor foethus, torrwch nhw'n ddarnau bychain – mi wnân nhw bara'n hirach hefyd! Maen nhw'n gwneud anrhegion gwych ac roedd y rhai wnes i cyn y Dolig yn dal yn neis iawn ar Ionawr y 10fed, felly maen nhw'n cadw'n dda iawn hefyd.

YN GWNEUD 36 BROWNIE

300g menyn	200g blawd plaen	*2 lwy fwrdd llefrith (os
300g siocled	/ diglwten*	ydych chi'n defnyddio
350g siwgr	¼ llwy de powdr sinamon	blawd diglwten)
5 wy	(neu sbeis o'ch dewis chi)	50g yr un o gnau Brasil a
1 llwy fwrdd fanila	1 llwy de halen y môr	llugaeron (os dymunwch)

POPTY: 170°C / 150°C FFAN / NWY 3

Leiniwch dun pobi hirsgwar efo papur silicon. Dwi'n defnyddio tun 15×10 modfedd – bydd un llai o faint yn gwneud brownies rhy drwchus, felly defnyddiwch ddau neu dri o rai llai os nad oes gennych chi un digon mawr.

Toddwch y siocled a'r menyn mewn powlen uwchben sosban o ddŵr sy'n mudferwi, neu yn ofalus iawn yn y meicro. Curwch y siwgr a'r wyau a'r fanila nes y byddan nhw'n hufennog. Cymysgwch y blawd a'r halen (ac unrhyw sbeis) efo'i gilydd.

Ychwanegwch y menyn a'r siocled at yr wyau a'r siwgr a'u cymysgu'n drylwyr cyn rhidyllu'r blawd i'r bowlen a chymysgu popeth yn dda. Rŵan ydi'r amser i ychwanegu'r llefrith a'r cnau a'r ffrwythau at y gymysgedd cyn ei throsglwyddo i'r tun a'i rhoi yn y popty am 20–25 munud.

Ar ôl tua 15 munud, cadwch olwg ar y popty.

Unwaith y bydd craciau'n dechrau ymddangos ar wyneb y gymysgedd, mae'n amser ei thynnu o'r popty a'i gadael i oeri'n llwyr yn y tun.

Torrwch yn ddarnau a'u mwynhau!

— ☀ —

Dros y blynyddoedd dwi wedi arbrofi efo gwahanol flasau – un Nadoligaidd ydi'r uchod ond gallwch amrywio'r ychwanegiadau yn ôl y tymor, neu ddefnyddio'ch dychymyg! Rhai o'r blasau mwyaf llwyddiannus i mi roi cynnig arnyn nhw oedd y rhain:

leim, chilli a sinamon (croen 1 leim wedi ei gratio ac un chilli coch wedi ei dorri'n fân) ar gyfer pryd Mecsicanaidd

•

lemon cadw a chardamom (chwarter un lemon – dim ond y croen, wedi ei dorri'n fân a hadau 4 coden cardamom wedi eu malu)

•

croen 1 oren ffres wedi ei gratio a sinamon (mae'r canlyniad yn debyg iawn i far siocled enwog Green & Black's)

TREIFFL

Pwdin retro braidd, ond un sy'n werth yr ymdrech, ydi treiffl, ac mae ei goginio yn haws na'r disgwyl! Gallwch dorri ar yr amser paratoi wrth ddefnyddio cwstard parod, wrth gwrs, os byddwch chi ar frys.

YN GWNEUD DIGON I LENWI POWLEN WEINI

500g ffrwythau (defnyddiwch ffrwythau meddal sydd yn eu tymor os medrwch chi – mae mefus, mafon, cyrens neu fwyar duon yn gweithio'n dda. Fel arall, mae paced o ffrwythau wedi eu rhewi yn gwneud y tro yn iawn.)	4–6 llwy fwrdd o siwgr bisgedi savoiardi neu gacen Madeira gwirod, e.e. brandi, rym, sieri, amaretto 300ml hufen chwipio Ffrwythau/cnau/llewyrch bwytadwy (edible glitter) i'w addurno	*Cwstard:* 6 melynwy 3 llwy fwrdd o siwgr mân 1 llwy fwrdd blawd corn 300ml llefrith cyflawn 300ml hufen dwbl hadau 1 goden fanila neu lwy fwrdd o echdynnyn fanila

Rhowch y ffrwythau a'r siwgr mewn sosban a'u cynhesu dros wres canolig er mwyn toddi'r siwgr. Gofalwch nad ydi'r ffrwythau'n mynd yn slwtsh drwy beidio â'u troi yn ormodol. Rhowch o'r neilltu i oeri.

Curwch y melynwy, y siwgr mân a'r blawd corn mewn powlen. Cymysgwch y llefrith a'r hufen dwbl mewn sosban efo'r fanila a'u rhoi dros wres canolig nes bydd yr hylif bron â berwi. Tynnwch y goden fanila allan o'r sosban, a thywallt yr hylif poeth i'r bowlen ar ben y gymysgedd felynwy, gan ei gymysgu drwy'r amser.

Rhowch y gymysgedd yn ôl yn y sosban, a thros wres isel/canolig trowch yn araf ac yn ddi-baid am tua 20 munud nes bod y cwstard wedi tewychu digon. (Dewis arall ydi rhoi'r gymysgedd mewn powlen dros sosban o ddŵr sy'n mudferwi, sy'n rhoi llai o gyfle i'r cwstard droi'n lympiau.)

Rhowch y cwstard mewn powlen/jwg a'i adael i oeri, gan roi cling-ffilm dros yr arwyneb rhag i groen ffurfio.

Rhowch y bisgedi neu'r gacen yn y bowlen y byddwch chi'n gweini'r treiffl ynddi gan orchuddio'r gwaelod i gyd, ac ychydig i fyny'r ochr. Rhowch joch go dda o wirod dros y cyfan, wedyn rhowch y ffrwythau ar y bisgedi. Gorchuddiwch efo'r cwstard oer a rhowch y treiffl yn yr oergell nes y byddwch yn barod i'w weini.

Rhyw ddwy awr cyn gweini, chwipiwch yr hufen nes ei fod yn creu pigau meddal – peidiwch â gorguro! – a'i ddefnyddio i orchuddio'r cwstard. Dychwelwch y treiffl i'r oergell.

Ychydig eiliadau cyn gweini, ysgeintiwch eich dewis o addurn (ffrwythau/cnau/llewyrch) ar ben y treiffl.

Manion ac ychwanegion blasus

Mae llawer o'r prydau yn y llyfr yma yn addas i'w bwyta ar eu pennau eu hunain fel prydau cyflawn, ond mae sawl un yn well o gael rhywbeth arall i gyd-fynd ag o. Dyma gasgliad o ryseitiau ar gyfer pethau ychwanegol, fel bara, pasta, reis ac ati, ac ambell saws neu ddresin i'w gweini efo prydau. Mae'r adran hon yn cynnwys ambell syniad am bethau i'w cadw yn eich cwpwrdd neu i'w rhoi fel anrhegion hefyd.

HWMWS

Mae'r past blasus hwn o'r Dwyrain Canol bron iawn yn angenrheidiol ar bob bwrdd bwffe bellach, ac mae'r amrywiadau ar y cyfuniad clasurol o ffacbys, garlleg, olew, tahini a lemon yn cynyddu o hyd. Mae gwneud eich hwmws eich hun yn hawdd iawn os oes gennych brosesydd bwyd, ond mi allwch ei wneud efo mortar a phestl hefyd.

1 tun 400g ffacbys (cadwch y dŵr ar ôl gwagio'r tun) neu 250g ffacbys wedi eu coginio	2 lwy de tahini 1 ewin garlleg wedi ei falu'n fân	½ llwy de halen 1–2 lwy fwrdd sudd lemon 3 llwy fwrdd olew olewydd

Rhowch bopeth heblaw'r olew mewn prosesydd ac ychwanegwch tua 3 llwy fwrdd o'r hylif o'r tun ffacbys. Tra bod y peiriant yn rhedeg, tywalltwch yr olew i mewn bob yn dipyn nes bod popeth yn llyfn. Blaswch ac addaswch gan ychwanegu mwy o halen, garlleg neu lemon fel y dymunwch.

Defnyddiwch mewn brechdan, fel dip, fel dresin i salad neu fel saws mewn rysáit arall: gweler tudalen 52 am rysáit sy'n defnyddio hwmws gyda thatws newydd a llysiau rhost.

Mae'r ddwy rysáit nesaf yn amrywiadau ar y dull a'r cynhwysion – triwch arbrofi i greu rhai gwahanol eich hun os bydd gennych chi ffa dros ben rywbryd!

HWMWS BETYS

Rhowch ½ llwy de o hadau cwmin mewn padell ffrio fach a'u cynhesu am ryw 3 munud i'w brownio'n ysgafn, yna eu malu'n fân. Tynnwch y croen oddi ar 2 fetysen wedi eu coginio'n barod a'u torri'n giwbiau, a'u rhoi mewn prosesydd bwyd efo'r ffacbys, y garlleg, y sudd lemon a'r olew fel uchod.

HWMWS FFA A MINTYS

160g ffa (broad beans) ½ lemon (heb gŵyr ar y croen)	llond llaw o ddail mintys 4 llwy fwrdd olew o'ch dewis	halen

Berwch neu stemiwch y ffa am ryw 3–5 munud nes eu bod yn dyner – yn amlwg, bydd yn rhaid defnyddio rhai wedi eu rhewi am y rhan fwyaf o'r flwyddyn.

Ar ôl gwagio'r dŵr o'r sosban, rhowch y ffa mewn dŵr oer efo rhew ynddo am ychydig funudau i'w hoeri. Gratiwch groen yr hanner lemon a'i gadw o'r neilltu ac wedyn tynnwch y sudd ohono. Draeniwch y ffa a'u chwalu mewn peiriant prosesu efo'r halen, y sudd lemon a'r mintys cyn ychwanegu digon o olew nes y byddwch yn fodlon ar yr ansawdd. Ychwanegwch groen y lemon a'i gymysgu'n dda cyn gweini.

BARA CORN

Y tro cyntaf i mi flasu bara corn oedd rhai blynyddoedd yn ôl, mewn parti yn nhŷ ffrindiau oedd newydd ddod yn ôl o wyliau yn Ne America. Y tro hwnnw cafodd ei weini efo stiw ffa duon nodweddiadol o'r cyfandir hwnnw, a chofiais amdano wrth gynllunio bwydlen i barti gyda'r nos yn Cegin. Soniais eisoes am y criw o ffrindiau a drefnodd aduniad gan fod un ohonynt wedi dod adref o Batagonia ar ei gwyliau, a chwiliais ar y we am ryseitiau i'm hysbrydoli. Stiw eidion Carbonada Criolla a ddewisais yn brif gwrs (gweler tud 82) a'i weini efo bara corn yn lle tatws. Mae'n fara sy'n edrych yn drawiadol yn ogystal â blasu'n dda, ac os paratowch chi bopeth ymlaen llaw mi allwch ei roi yn y popty ac ymlacio am hanner awr cyn ei weini. Defnyddiwch ychydig o chillis jalapeno o jar os ydych am osgoi torri chillis ffres!

AR GYFER 6–8 PERSON

280g polenta*	1 wy	1–2 chilli coch wedi eu torri'n fân
85g blawd plaen	150ml llefrith	
2 lwy de soda pobi	425ml llaeth enwyn/ iogwrt naturiol	1 tun bach o india-corn
Pupur du a halen		

POPTY: 200°C / 180°C FFAN / NWY 6

Cynheswch y popty ac irwch dun cacen crwn (tua 25 cm) neu dun rhostio sgwâr efo menyn.

Cymysgwch y cynhwysion sych mewn powlen a'r cynhwysion gwlyb (gan gynnwys y chilli a'r india-corn) efo'i gilydd mewn jwg.

Pan fyddwch chi'n barod i bobi'r bara, cymysgwch gynnwys y bowlen a'r jwg efo'i gilydd yn ysgafn, ei drosglwyddo yn syth i'r tun ac yna i'r popty am 25–30 munud.

Torrwch y bara'n drionglau neu'n sgwariau a'i weini'n gynnes.

*POLENTA: dyma'r enw ar y blawd bras sy'n cael ei wneud o india-corn yn hytrach na'r blawd corn mân iawn a ddefnyddir yn aml i dewychu sawsiau. Mae'n cael ei ddefnyddio weithiau i wneud cacennau ac mae'n addas ar gyfer deiet heb glwten. Gellir ei baratoi mewn sosban efo dŵr poeth neu stoc i wneud rhywbeth yn debyg i datws stwnsh a'i weini yn syth, gan ychwanegu caws neu flas arall o'ch dewis, neu ei roi mewn dysgl fas a'i adael i oeri a chaledu, cyn ei grilio neu ei ffrio fel sglodion. Mae'n beth da iawn hefyd ar gyfer gorchuddio cyw iâr, pysgod, croquettes neu fyrgers llysieuol yn hytrach na briwsion bara, ac yn rhwystro pizza cartref rhag glynu os wnewch chi ysgeintio ychydig ar y tun cyn gosod y toes arno.

RÔLS 'BRIOCHE'

Rydan ni'n bwyta llawer llai o fara yn gyffredinol y dyddiau yma – am resymau amrywiol, sy'n cynnwys ceisio colli pwysau – ond does dim byd i guro bara cartref bob hyn a hyn.

Mae rôls brioche yn reît arbennig, ac wedi mynd yn boblogaidd iawn i'w gweini efo byrgers, ond mae gwneud toes brioche go iawn yn cymryd sawl awr ac yn gofyn am lot fawr o amynedd! Dyma fersiwn haws sydd yn addas iawn i wneud rôls ar gyfer byrgers cartref.

YN GWNEUD 8 RÔL

A	B	I addurno:
230ml dŵr cynnes	300g blawd cryf	1 wy mawr wedi ei guro
3 llwy fwrdd llefrith cynnes	30g blawd plaen	efo mymryn o ddŵr
2 lwy de o furum sych	1½ llwy de halen	(a hadau os dymunwch)
sy'n gweithio'n gyflym	2½ llwy fwrdd menyn	
2½ llwy de siwgr	meddal	
	1 wy mawr wedi ei guro	

POPTY: 200°C / 180°C FFAN / NWY 6

Cymysgwch gynhwysion rhestr A efo'i gilydd mewn jwg a gadael y cyfan am tua 5 munud nes y bydd yn ewynnog.

Rhowch gynhwysion rhestr B mewn powlen peiriant cymysgu a'u cymysgu efo'r padl nes bydd y menyn wedi ei gyfuno efo'r blawd a throi'n friwsion – neu defnyddiwch gyllell fwyta a bôn braich.

Ychwanegwch yr wy a'r gymysgedd furum i'r bowlen a chymysgwch eto ar gyflymder gweddol araf nes creu toes.

Gwnewch bêl o'r toes a'i gadael yn y bowlen, wedi ei gorchuddio efo lliain sychu llestri tamp, mewn lle cynnes am 1–3 awr.

Leiniwch dun pobi efo papur pobi.

Pan fydd y toes wedi dyblu mewn maint rhowch o ar eich bwrdd gwaith a'i rannu'n wyth darn. Tylinwch bob darn gan greu peli, a'u gosod ar y tun pobi efo 2–3cm rhwng pob un. Gorchuddiwch nhw efo cling-ffilm wedi ei daenu efo ychydig o olew a'u gadael mewn lle cynnes am ryw 1–2 awr arall nes y byddan nhw wedi chwyddo eto.

Cynheswch y popty. Er mwyn cael sglein da ar y rôls, curwch 1 wy efo mymryn o ddŵr a brwsio'r gymysgedd honno dros y rôls. Ychwanegwch hadau o'ch dewis, e.e. sesame, pabi, nigella.

Cyn pobi'r rôls, rhowch dun rhostio efo ychydig o ddŵr ynddo yn y popty er mwyn creu stêm – bydd hyn yn cadw'r bara yn llaith. Pobwch am 15–20 munud nes y byddan nhw'n frown euraid a'u rhoi ar radell i oeri'n iawn.

Os ydych am wneud byrgers bach fel bwyd bys-a-bawd i barti, rhannwch y toes yn 16 darn a'u pobi am 10–15 munud yn unig. Mi fedrwch hefyd addasu'r rysáit i wneud torth yn hytrach na rôls, ond gostyngwch y gwres i 180˚C/160˚ ffan/Nwy 4 ar ôl 10 munud ac yna pobwch y dorth am tua 20–30 munud.

PASTA

Does 'na ddim byd i guro ansawdd pasta ffres – tydi o'n ddim byd tebyg i'r pasta 'ffres' sy'n cael ei werthu mewn archfarchnadoedd. Mae'n werth buddsoddi mewn peiriant rholio pasta os ydych yn hoff iawn o'i fwyta, ac mae'n lot o hwyl i'w wneud efo plant.

AR GYFER 4 PERSON

400g blawd math 00	4 wy

Un ai rhowch y blawd mewn powlen a gwneud twll yn y canol, neu ei roi mewn cymysgwr sydd â theclyn i droi toes.

Rhowch yr wyau yn y canol a chymysgu popeth efo'i gilydd nes y cewch chi lwmpyn da o does. Tylinwch y toes nes ei fod yn esmwyth ac yn elastig ac yna lapiwch o'n dda mewn cling-ffilm a gadael iddo orffwys am awr neu fwy.

Gwnewch yn siŵr fod y periant rholio pasta yn sownd yn y bwrdd, a gosodwch y rholwyr mor bell oddi wrth ei gilydd â phosib. Torrwch y toes yn chwe darn a gweithio efo un darn ar y tro, gan lapio'r gweddill mewn cling-ffilm rhag iddo sychu.

Siapiwch y darn pasta yn hirsgwar, ysgeintiwch ychydig o flawd drosto yn ysgafn a rhowch y darn drwy'r peiriant unwaith. Plygwch o yn ei hanner a'i roi yn ôl ddwywaith eto, gan blygu'r toes bob tro. Rhowch y rholwyr un rhicyn yn nes at ei gilydd a rhowch y pasta drwy'r peiriant eto. Daliwch i gau'r rholwyr fesul rhicyn a dal i basio'r pasta drwyddynt nes y bydd yn ddigon tenau. Efallai y bydd angen i chi ysgeintio mwy o flawd arno bob hyn a hyn rhag i'r pasta ddechrau glynu at y rholwyr.

Mae rhai peiriannau'n cynnwys teclyn i dorri'r pasta yn stribedi, ond mi allwch chi wneud hyn efo llaw ar fwrdd efo blawd drosto. Cadwch y pasta ar hambwrdd efo digon o flawd arnynt i'w hatal rhag sticio, neu hongian y stribedi dros bolyn nes y byddwch yn barod i'w coginio.

Ychydig iawn o goginio mae pasta ffres ei angen – tua 4 munud – felly cofiwch amdano'n berwi a dechreuwch ei brofi ar ôl rhyw 3 munud i weld a ydi o yn al dente, sef y ffordd orau o weini pasta (yn feddal ond yn dal yn lledgaled yn y canol).

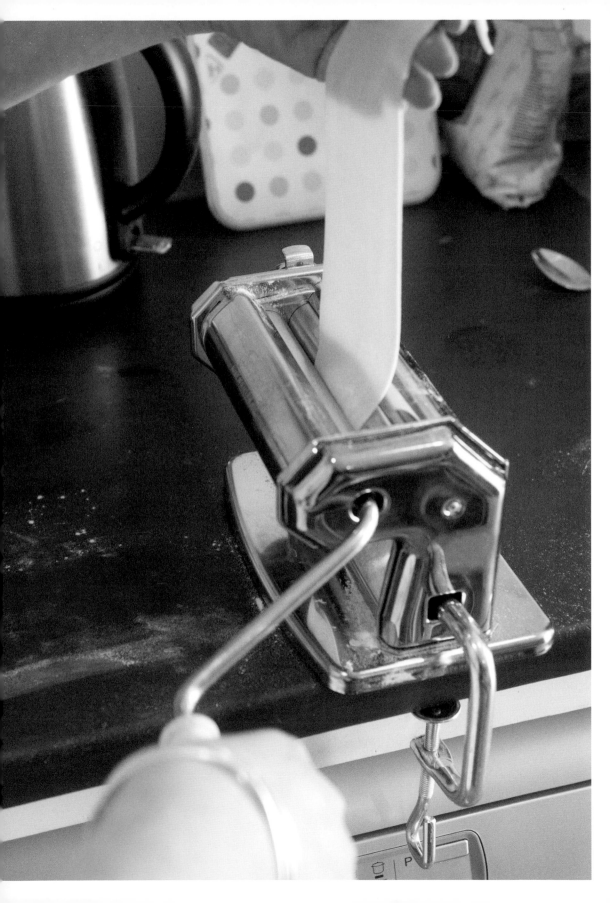

REIS WY A LLYSIAU ⏱ 🍳

Fersiwn o reis wedi ei ffrio mewn dull Tsieineaidd ydi hwn ac mae angen i chi fod wedi coginio'r reis ymlaen llaw a rhoi amser iddo oeri cyn dechrau paratoi'r saig. Mae felly yn saig dda i'w gwneud efo reis sydd dros ben yn yr oergell, neu hyd yn oed un o'r pacedi reis parod y medrwch chi eu prynu. Mi wnaiff unrhyw fath o reis y tro ond reis hir neu reis jasmin sy'n gweithio orau.

DIGON AR GYFER 2 BERSON

550g o reis oer	½ pupur coch wedi ei dorri'n giwbiau	3 llwy fwrdd olew cnau daear
2 wy wedi eu curo'n ysgafn	100g pys rhew	ychydig o olew sesame i'w weini
4 sibolyn wedi eu torri'n gylchoedd bach		

Cynheswch 1 llwy fwrdd o'r olew mewn padell ffrio fawr neu wok, ychwanegwch yr wy a'i adael i orchuddio'r badell yn haen denau. Pan fydd yr wy wedi caledu ychydig, trowch o drosodd i goginio'r ochr arall – gwneud omlet tenau fel crempog ydi'r nod. Tynnwch o o'r badell a'i rowlio fel crempog a'i roi o'r neilltu.

Tro-ffrïwch y pupur coch a'r sibol yn y wok am ychydig funudau, yna eu rhoi o'r neilltu. Torrwch y grempog wy ar ei hyd ac yna ar ei thraws sawl gwaith i greu stribedi bach rhyw 2cm yr un.

Cynheswch weddill yr olew yn y badell nes iddo ddechrau mygu ac yna ychwanegwch y reis a'i droi i wneud yn siŵr bod y gronynnau wedi eu gorchuddio yn dda â'r olew. Rhowch y llysiau a'r wy yn ôl yn y badell a pharhewch i dro-ffrio'r cyfan am gwpl o funudau eto. Ar y funud olaf cyn gweini, os ydych chi'n hoff o flas olew sesame, cymysgwch ychydig bach (llai nag un llwy de) drwy'r cyfan.

Gallwch wneud fersiwn sy'n isel mewn carbohydradau gan ddefnyddio blodfresych yn lle reis, gweler tud 147

KIMCHI

Picl sbeislyd o Korea ydi kimchi ac mae'n mynd yn dda iawn efo pob math o fwyd. Mae'n werth trio peth cyn i chi dreulio amser yn gwneud y rysáit achos tydi o ddim at ddant pawb – ond os ydych chi'n hoffi siytni poeth, dwi'n siŵr y gwnewch chi fwynhau kimchi. Ro'n i wedi darllen amdano mewn sawl lle ac wedi bod yn awyddus iawn i'w drio. Daeth fy nghyfle yng Ngŵyl Rhif 6 ym Mhortmeirion – roedd byrger kimchi ar gael o un o'r stondinau bwyd yno – ac mi lwyddais i fwyta 3 dros y penwythnos!

Mae'r blas yn y geg yn llawn umami ac ychydig o gic chilli, ond tydi o ddim yn or-boeth. Bresych wedi eu heplesu efo pethau blasus ydi kimchi, ac ro'n i wrth fy modd yn darganfod mai gochugaru ydi'r enw ar y powdr chilli sydd ei angen i'w greu, gan ei fod yn debyg i 'coch' a 'garw' – disgrifiad gwych o bowdr chilli, yntê? Mae'r cynhwysion yn hawdd eu cael o siopau bwydydd Dwyreiniol. Pan o'n i eisiau ei wneud o am y tro cyntaf mi yrrais fy ngŵr allan efo rhestr siopa ac roedd y daith yn un ddi-boen iddo fo ac yn un lwyddiannus i mi. Yn anffodus, tydi o ddim yn hoff o kimchi, ond pawb at y peth y bo, am wn i. Mae taenu tortilla efo kimchi a chaws mewn padell ffrio, rhoi un arall ar ei ben a thostio'r cyfan ar y ddwy ochr yn swper heb ei ail i'r rhai sy'n hoff o fyrbryd sydyn, sawrus.

Nodyn: bydd angen dipyn o amser ac amynedd wrth fynd ati i baratoi hwn, felly meddyliwch amdano fel profiad therapiwtig ...

1 fresychen Tsieineaidd	Darn maint bawd o sinsir	120g gochugaru (powdr
tua 250g halen	ffres wedi ei gratio	chilli o Korea)
1 ½ llwy fwrdd powdr startsh	¼ afal	60ml saws pysgod (neu
reis gludiog (o siop Asiaidd)	¼ nionyn	soy os dymunwch)
6 sibolyn	200g mooli (radis	2 lwy fwrdd siwgr
5 ewin garlleg wedi	o'r dwyrain pell)	
eu malu'n fân		

Torrwch y fresychen yn chwarteri a thorrwch y rhan fwya o'r coesyn tew allan hefyd, yna ei fwydo mewn powlen efo 100g o'r halen ac 1 lîtr o ddŵr am 10 munud gan geisio sicrhau bod y dŵr yn mynd rhwng y dail i gyd.

Tynnwch y bresych allan o'r dŵr ac ysgeintiwch fwy o halen rhwng y dail – mae angen rhoi haenen denau o halen ar bob un o'r dail, ac ychydig mwy ar y darnau tewach. Gadewch i'r halen wneud ei waith ar y chwarteri bresych am ryw 5–6 awr.

Rhyw dro cyn diwedd y 6 awr, tra bydd yr halen a'r bresych yn dod i nabod ei gilydd yn well, paratowch y saws.

Gwnewch bast drwy gymysgu 1½ llwy fwrdd o'r powdr startsh efo 60ml o ddŵr mewn sosban a'i droi yn gyson dros wres isel i wneud past tew. Gadewch iddo oeri yn y sosban. Malwch y garlleg, y sinsir, yr afal, y sibol a'r mooli efo'i gilydd mewn prosesydd. Unwaith y bydd y past startsh wedi oeri cymysgwch y ddau efo'i gilydd yn dda ac ychwanegwch y powdr gochugaru, y siwgr a'r saws pysgod/soy.

Defnyddiwch y past i beintio pob deilen unigol yn drwchus a'u gosod ar ben ei gilydd mewn dysgl ddigon mawr i'w dal – byddai bocs/powlen efo caead yn ddelfrydol ond mi wnaiff powlen efo cling-ffilm y tro yn iawn. Gadewch lonydd iddo (heb i'r aer fynd ato) am 3 diwrnod mewn lle tywyll, oer, ond nid mor oer ag oergell.

Mi ddylai fod yn barod i'w fwyta wedyn – bydd y bresych yn feddal ond yn dal ychydig yn grenshlyd. Os yw'n well gennych beidio gweld darnau mawr o fresych, dyma'r amser i'w dorri'n fanach. Cadwch y kimchi yn yr oergell mewn jar addas ac mi fydd yn cadw'n iawn am dri mis o leia.

— ☀ —

Heb y saws pysgod

HUFEN CNAU CASHIW 🥕 Ⓥ

Dyma fersiwn gwahanol o hufen dwbl neu crème fraîche sy'n hawdd ei wneud ac yn addas i figaniaid a phobl sydd yn methu bwyta cynnyrch llefrîth. Does dim llawer o flas ar gnau cashiw pan maen nhw'n amrwd, felly maen nhw'n gwneud sail ardderchog i saws yn hytrach na hufen.

YN GWNEUD TUA 300ML

120g cnau cashiw amrwd wedi eu socian mewn dŵr am 2 awr o leiaf	*Blasau o'ch dewis:* 1–2 lwy fwrdd mêl neu surop masarn (maple syrup)	hyd at 1 llwy fwrdd finegr seidr neu sudd lemon mwstard llyfn, e.e. Dijon
60–120ml dŵr oer	½ llwy de echdynnyn fanila	halen

Rhowch y cnau cashiw yn eich prosesydd a'i droi ymlaen. Ychwanegwch y dŵr yn araf nes y gwelwch fod y cnau yn dechrau troi'n hylif, a pharhau i ychwanegu dŵr nes y byddwch yn fodlon ar yr ansawdd. Hynny yw, gallwch ddewis cael hufen tenau neu hufen tew. Ychwanegwch flasau o'ch dewis o'r rhestr uchod, neu defnyddiwch eich dychymyg. Stopiwch y peiriant i flasu'r gymysgedd bob hyn a hyn er mwyn addasu'r blasau at eich dant. Cadwch yr hufen mewn jar yn yr oergell am hyd at 3 diwrnod hyd nes y bydd arnoch ei angen.

CARAMEL DATYS 🥕 Ⓥ

Rhywbeth melys a hyfryd sydd yn iachach na saws llawn siwgr ac ychwanegolion, ac mae o hefyd yn addas i figaniaid a phobl sydd ag alergedd at gynnyrch llefrîth. Gallwch roi hwn ar ben hufen iâ neu gacennau neu ei ddefnyddio i wneud tarten felys. Gallwch hepgor yr olew i wneud cymysgedd sy'n ddigon tew i greu peli bach a'u gorchuddio efo siocled.

150g datys meddal heb gerrig	1 llwy de echdynnyn fanila
	1–2 lwy de sudd lemon
1 llwy fwrdd olew heb lawer o flas, e.e. cnau coco neu gnau	25g cnau cyll wedi eu tostio a'u malu'n fân
	¼ llwy de halen môr

Os ydyn nhw braidd yn sych, sociwch y datys mewn dŵr am awr cyn cychwyn. Gan ddechrau efo'r datys, malwch bopeth mewn prosesydd nes ei fod yn gymysgedd lyfn. Trosglwyddwch i jar a'i gadw yn yr oergell – mae'n para am amser hir iawn.

CRWST BRAU

Mae'r cynhwysion ar gyfer crwst brau yn dilyn y rheol hanner saim i flawd ac ychydig o ddŵr i gyfuno popeth. Mae'n bwysig bod y menyn a'r dŵr yn oer iawn ac nad ydych yn gor-drin y toes. Mae'r rysáit yma yn ddigon i wneud un darten neu quiche, neu nifer o dartenni bychain.

200g blawd plaen (neu 100g blawd cyflawn/100g blawd gwyn)	100g menyn oer wedi ei dorri'n dalpiau bychain	2 lwy fwrdd dŵr oer

POPTY: 200°C / 180°C FFAN / NWY 6

Rhowch y blawd a'r menyn mewn powlen a dechreuwch rwbio'r menyn i mewn i'r blawd efo blaenau'ch bysedd nes y bydd yn debyg i friwsion bara. Gallwch wneud hyn mewn prosesydd bwyd drwy ddefnyddio'r botwm pwls. Pan fydd y menyn i gyd wedi ei gymysgu i'r blawd, ysgeintiwch y dŵr dros y cyfan a'i gymysgu efo cyllell neu fforc nes y daw popeth at ei gilydd. Gwnewch belen o'r toes, ei lapio mewn cling-ffilm a'i rhoi yn yr oergell am 15 munud.

Ysgeintiwch ychydig o flawd dros eich bwrdd gwaith a'ch rholbren a rholiwch y toes yn fflat. Trowch y toes ryw chwarter tro yn gyson er mwyn cadw'r siâp crwn.

Pan fydd y toes ryw 5cm yn fwy na'r tun, codwch ef yn ofalus dros y rholbren a'i osod ar draws y tun. Gwthiwch y toes i'r corneli efo'ch bysedd. Peidiwch â thorri ymylon y toes gan y bydd y crwst yn crebachu wrth ei goginio. Rhowch y tun yn ôl yn yr oergell am 15 munud arall.

Cynheswch y popty a rhowch haenen o bapur pobi a ffa pobi/newid mân ar ben y crwst er mwyn ei bobi'n wag. Pobwch am 15 munud, wedyn tynnwch y papur a'r ffa yn ofalus a dychwelyd y tun i'r popty am 5 munud arall. Bydd coginio'r toes fel hyn o gymorth i osgoi crwst soeglyd pan fyddwch yn ychwanegu llenwad. Gallwch dorri ymylon blêr y crwst i ffwrdd cyn gweini'r darten.

CRWST MELYS

225g blawd
110g menyn
80g siwgr mân
1 wy mawr

Dilynwch y dull uchod gan ychwanegu'r wy yn lle dŵr. Gallwch hefyd ychwanegu croen oren neu leim, hadau fanila neu ychydig bach o rinflas almon os dymunwch.

CRWST CAWS

200g blawd
100g menyn
pinsiad pupur caián (cayenne)
pinsiad powdr mwstard
40g caws Cheddar wedi ei gratio
tua 2 lwy fwrdd dŵr oer

Dilynwch yr un dull â'r uchod gan ychwanegu'r caián, y mwstard a'r caws i'r gymysgedd ar ôl rhwbio'r menyn i'r blawd a chyn ychwanegu'r dŵr.

COLSLO LLUGAERON ⏱ ⊘

Rysáít sy'n hwylus iawn er mwyn defnyddio gweddillion y potyn o saws llugaeron sydd dros ben ers y Dolig. Wrth gwrs, mae'n bosib ei wneud ar unrhyw adeg o'r flwyddyn efo potyn o saws (nid jeli) o'r siop ond mae'n well fyth os byddwch wedi gwneud saws eich hun pan fo'r aeron yn y siopau.

¼ bresychen wen	4 llwy fwrdd meionês	2 lwy fwrdd saws llugaeron
2 foronen fawr	2 lwy fwrdd iogwrt naturiol	

Torrwch y fresychen yn stribedi mân gan hepgor y coesyn caled yn y canol. Pliciwch a gratiwch y moron efo gratiwr bras. Cymysgwch y meionês, yr iogwrt a'r saws llugaeron efo'i gilydd ac ychwanegwch y llysiau gan eu troi yn y gymysgedd nes bod y llysiau i gyd wedi eu gorchuddio.

REIS / COUSCOUS BLODFRESYCH ⏱ 🥛 🥕 ⊘

Os oes gennych brosesydd bwyd mi fydd hwn yn datblygu i fod yn un o'ch hoff bethau i'w bwyta efo cyrri, chilli a phrydau lle byddech chi fel arfer yn gweini reis neu couscous. Mae'n ffordd wych o gynyddu faint o lysiau rydych chi'n eu bwyta ac yn sydyn iawn i'w baratoi.

Torrwch un flodfresychen yn ddarnau (gan gynnwys y coesyn – does dim gwastraff fan hyn!) a'u rhoi yn eich prosesydd. Gan ddefnyddio'r botwm pwls malwch bopeth nes bod y darnau yn fach iawn, iawn. Heb brosesydd cewch yr un effaíth drwy gratio'r blodfresych efo gratiwr garw.

Gallwch ei fwyta'n oer mewn salad yn lle couscous, neu os ydych am ei weini'n gynnes, tro-ffrïwch mewn ychydig o olew neu ei roi yn y meicro am ryw 6–8 munud.

Dresin 🥕 🥥 🐟 ⏱

Mae dresin da yn gallu gwneud llawer mwy na dim ond troi salad diflas yn ddifyr – gall roi maeth ychwanegol drwy gynnwys hadau, cnau neu bysgod. Mae dresin oer ar ben bwydydd poeth yn gweithio'n dda iawn, e.e. saws mintys ar ginio rhost, sos coch neu feionês ar sglodion, felly beth am drio arbrofi efo gweini gwahanol fathau o ddresin efo llysiau rhost neu bysgod?

VINAIGRETTE CLASUROL

3 llwy fwrdd olew olewydd

1 llwy fwrdd finegr gwin gwyn

halen a phupur

Rhowch bopeth mewn jar a'i ysgwyd yn dda nes bydd wedi dod at ei gilydd.

Gallwch hefyd ychwanegu llawer o wahanol bethau i'r dresin clasurol, e.e. mêl a mwstard, ansiofis wedi eu malu, perlysiau ffres wedi eu malu'n fân, croen ffrwythau sîtrws, garlleg neu sialóts … arbrofwch ac amrywiwch!

HADAU PWMPEN A LETUS

80g hadau pwmpen

2 ewin garlleg wedi eu malu

2 domato wedi'u torri

2 ddeilen letus (romaine neu cos) wedi eu torri

1 llwy fwrdd dail coriander wedi eu torri

2 chilli gwyrdd wedi eu torri'n fras

2 lwy fwrdd olew olewydd

halen a phupur

Gwnewch y dresin drwy dostio hadau pwmpen mewn padell ffrio sych dros wres canolig am ryw bum munud, nes eu bod wedi dechrau popio. Gadewch iddyn nhw oeri am ychydig cyn eu trosglwyddo i hylifydd/prosesydd. Ychwanegwch y cynhwysion eraill a'u prosesu, gan ychwanegu ychydig o ddŵr nes bod modd ei dywallt.

CASHIW HUFENNOG

200g cnau cashiw amrwd

1 ewin garlleg

2 lwy de sudd lemon

¼ llwy de halen

Proseswch bopeth efo'i gilydd, ac ychwanegwch ddŵr fesul tipyn nes y bydd gennych ddresin o ansawdd eithaf tew. Gallwch ychwanegu cennin syfi neu berlysiau ffres i roi blas gwahanol iddo.

CESAR

1 ewin garlleg wedi ei dorri'n fras

2 ffiled ansiofi wedi eu malu'n fras

3 llwy fwrdd meionês

1 llwy fwrdd olew

sudd hanner lemon

3 llwy fwrdd parmesan wedi ei gratio

Pwniwch y garlleg yn bast efo'r ansiofi mewn mortar a phestl neu mewn prosesydd bach cyn ychwanegu gweddill y cynhwysion a'u cymysgu'n dda nes bod popeth yn llyfn.

SESAME, MÊL, SOY A LEIM

1 llwy de mêl

2 lwy fwrdd sudd leim ffres

2 lwy fwrdd saws soy ysgafn

1 llwy de olew sesame

Cymysgwch bopeth efo'i gilydd yn dda mewn gwydr neu jar a blaswch. Addaswch y blas drwy ychwanegu mwy o fêl/sudd/saws soy nes byddwch yn hapus ag o.

LEMONAU CADW

Yn hawdd iawn eu gwneud ac yn llawer rhatach na'u prynu mewn jariau, mae lemonau cadw yn ychwanegu nodyn unigryw i seigiau sawrus. Cânt eu defnyddio'n helaeth mewn ryseítiau o ogledd Affrica a'r Dwyrain Canol, e.e. tagines a chawliau, ac mewn saladau efo couscous, reis neu ffa, ond maen nhw'n dda iawn mewn amryw o seigiau. Yn hallt ac yn egr, maen nhw'n hynod bersawrus, yn llai sur ac yn fwy lemonllyd, rhywsut, na lemon ffres. Trïwch nhw wedi eu torri'n fân a'u cymysgu efo garlleg rhost, persli, caws parmesan ac ychydig o olew olewydd i wneud saws i'w fwyta efo pasta. Defnyddir y croen a'r bywyn yn unig fel arfer, ond does dim o'i le mewn defnyddio'r cnawd hefyd. Mi allwch chi ychwanegu sbeisys fel sinamon, coriander a chlof, ond dyma'r rysáit sylfaenol.

jar lân tua 500g	tua 4 llond llwy
8 lemon heb gŵyr ar y crwyn	fwrdd halen môr

Torrwch bedwar lemon yn chwarteri, gan stopio cyn cyrraedd y gwaelod er mwyn eu cadw'n un darn. Paciwch halen i mewn i'r toriadau a'u stwffio'n dynn i'r jar gan wasgu un ar ben y llall. Gwasgwch y sudd o'r pedwar lemon arall a'i ychwanegu i'r jar i orchuddio'r ffrwythau. Rhowch gaead ar y jar a'i adael i fwydo am fis.

Ryseítiau sy'n defnyddio lemon cadw:

Mins Maróc a chouscous lliwgar
t. 84
•
Cacennau eog, lemon a ffenigl
t. 70
•
Ffa Rockaway
t. 48
•
Ystifflog, chorizo a lemon cadw efo spelt t. 76
•
Cyw iâr rhost efo ras-el-hanout, harissa a lemon t. 92

TAPENADE 💲 🐄 ⏱

Dyma rysáít sylfaenol ond mi fedrwch yn hawdd ei haddasu i gynnwys cynhwysion eraill i amrywio'r blas, e.e. olifau gwyrdd, tomatos heulsych, ychydig o lemon cadw, chilli a pherlysiau ffres fel coriander, basil neu taragon. Peidiwch â chynnwys yr ansiofis os ydych am wneud fersiwn llysieuol/figan.

200g olifau duon cyfan	1 ewin garlleg wedi	ychydig o bupur du
3 llwy fwrdd caprys (capers)	ei falu'n fân	sudd ½ lemon
2 ansiofi wedi eu torri'n fach	2 lwy de dail teim ffres	5 llwy fwrdd olew olewydd

Tynnwch y cerrig o'r olifau yn ofalus efo cyllell finiog a rhowch bopeth mewn prosesydd a'i lyfnu yn bast tew.

Os nad oes gennych brosesydd, defnyddiwch fortar a phestl i falu'r garlleg, yr ansiofis, y caprys a'r teim cyn ychwanegu'r olifau, ac yna'r hylif bob yn dipyn gan ddal i stwnsio nes y bydd popeth wedi dod at ei gilydd yn dda.

Blaswch cyn gweini – efallai y bydd angen mwy o sudd lemon neu bupur arnoch chi.

—— ☀ ——

Rysáít am roliau tapenade ar dudalen 14

PICL PINAFAL POETH

Roedd hwn mor boblogaidd fel anrheg Nadolig yn 2014 a 2015 fel fy mod i'n ystyried ei wneud yn flynyddol erbyn hyn.

YN GWNEUD 3–4 JAR

1 pinafal mawr (tua 1kg)	2 chilli coch ffres neu 1	300ml finegr seidr
2 nionyn coch	llwy de o chilli sych	175g siwgr brown golau
2 lwy de hadau	darn maint eich bawd	1 llwy de halen
mwstard melyn	o sinsir ffres	

Torrwch y nionod yn weddol fân a'u rhoi mewn sosban fawr dros wres canolig efo'r hadau mwstard, y sinsir wedi ei falu'n fân, y chilli a'r finegr. Torrwch y pinafal yn giwbiau bychain.

Ar ôl rhyw 10 munud bydd y nionod wedi dechrau meddalu – ychwanegwch y siwgr i'r sosban. Trowch y gymysgedd nes bod y siwgr wedi toddi ac yna ychwanegwch y pinafal.

Dewch â phopeth i'r berw ac yna gadewch iddo fudferwi am ryw 15 munud nes bydd y pinafal yn feddal ac wedi troi'n glir.

Paratowch jariau glân a rhannwch y siytni rhyngddynt a'u selio tra bydd popeth yn gynnes.

Gallwch fwyta'r picl yn syth neu ei gadw am 6 mis yn y jariau heb eu hagor.

SAWS BARBECIW ⊘ 🐄

Dwi wrth fy modd efo'r saws yma efo cig barbeciw a thatws newydd bob haf. Mi allwch ei ddefnyddio fel marinâd os dymunwch, ond efo cig plaen neu selsig, mae'n llawer iachach a mwy ffres na saws o botel.

2 nionyn	2 lwy fwrdd mêl	2 lwy fwrdd mwstard llyfn
4 ewin garlleg	2 lwy de saws soy	halen a phupur
4 llwy fwrdd olew	ychydig ddiferion	
1 tun 400g tomatos	o saws chilli	
4 llwy fwrdd puree tomato	4 llwy fwrdd finegr gwin	

Cynheswch yr olew mewn sosban, torrwch y nionyn a'r garlleg yn fân, a'u ffrio yn ysgafn am 4–5 munud.

Ychwanegwch weddill y cynhwysion a gadewch i bopeth ffrwtian am 10–20 munud nes ei fod yn ludiog. Un ai chwalwch y saws yn llyfn neu ei weini fel y mae o, yn boeth neu yn oer. Gallwch ei gadw yn yr oergell am amser hir.

SAWS TOMATO 🥕 ⊘ 🐄 ⏱

Mae'n werth gwneud mwy na'r hyn rydych ei angen o saws tomato gan ei fod yn cadw'n dda yn yr oergell a'r rhewgell, ac mae cymaint o wahanol bethau y medrwch chi ei wneud efo fo. Mi wnaiff swper sydyn efo pasta neu sail i gaserol mwy swmpus, o ychwanegu llysiau a/neu gig. Ychwanegwch ychydig o stoc llysiau a phroseswch y saws yn llyfn i wneud cawl tomato, gan ychwanegu joch o hufen i'w wneud yn fwy moethus.

1 nionyn	1 llwy fwrdd tomatos heulsych	1 llwy de siwgr
2 lwy fwrdd olew		
3 ewin garlleg	2 dun 400g tomatos	

Torrwch y nionyn yn fân a'i goginio yn yr olew dros wres canolig nes iddo feddalu, yna ychwanegwch y garlleg, ei goginio am funud, cyn ychwanegu gweddill y cynhwysion. Gadewch i'r saws fudferwi ar wres isel iawn am 20–25 munud.

SIAMPAEN YSGAWEN 🥕 ⊗ 🐄

Mae siampaen ysgawen yn dod ag atgofion o hafau f'arddegau yn Llangernyw, gan fod fy mam yn arfer gwneud y ddiod hon – ac yn dal i'w gwneud ambell flwyddyn. Roedd yn rysáit y gwnes i ei pharatoi ar y rhaglen *Blas* ar Radio Cymru sawl blwyddyn yn ôl. Bîti nad ydi'r rhaglen yn dal i fynd!

Mi fyddwch chi angen bin plastig efo caead – digon mawr i ddal o leiaf 10 lîtr o hylif. Dwi'n defnyddio un 25 lîtr a dyblu'r rysáit yma. Casglwch flodau sydd wedi agor yn llwyr ond heb droi'n frown. Mae'n well gwneud pan fo'r haul yn tywynnu, meddan nhw, ond ddim yn rhy gryf, felly mae bore braf yn ddelfrydol.

YN GWNEUD YCHYDIG DROS 10 LITR

4 pen o flodau ysgawen	1 bag siwgr gwyn	seidr/gwin gwyn
2 lemon heb gŵyr	4 llwy fwrdd finegr	10 litr dŵr

Pliciwch y croen oddi ar y lemonau a'u rhoi yng ngwaelod y bin.

Gwasgwch y sudd o'r lemonau a rhowch hwnnw ar ben y croen.

Rhowch bennau'r blodau (gwaredwch unrhyw bryfed yn gyntaf!) ar ben y lemonau ac ysgeintiwch y siwgr gwyn drostyn nhw.

Ychwanegwch y dŵr (dwi'n defnyddio poteli rhad o ddŵr pefriog er mwyn cael poteli addas i roi'r ddiod ynddynt wedyn) a 4 llwy fwrdd o finegr gwin gwyn neu finegr seidr, a'i droi yn dda.

Rhowch gaead ar y bin a'i adael am 24 awr gan ddal i droi bob hyn a hyn (maen nhw'n dweud bod angen gwneud hynny bob rhyw 6 awr) er mwyn i'r siwgr doddi'n iawn.

Mae'r cam nesa yn un sticI iawn! Trosglwyddwch yr hylif i boteli efo jwg/seiffon gan hidlo'r petalau, y coesau a'r croen lemon (ac unrhyw bryfed cyfrwys) ohono. Dwi'n defnyddio rhidyll neilon bach ar ben y twmffat. Oherwydd y sudd a'r siwgr, mi welwch fod mwy na 10 lîtr o hylif, felly gnewch yn siŵr fod gennych ddigon o boteli.

Caewch y poteli a'u cadw nhw am ryw bythefnos, ac mi fydd yn barod i'w yfed wedi hynny. Mae'r hylif yn troi'n glir yn raddol o'i gadw, ond hyd yn oed yn gymylog mae o'n hyfryd yn oer, oer – a tydi o ddim yn gryf iawn ar y dechrau. Mae alcohol yn dod o'r burum naturiol sydd ar y blodau, sy'n adweithio efo'r siwgr, a pho hiraf y gadewch chi i'r ddiod eplesu, cryfaf fydd hi!

MYNEGAI

Diolch...

i bawb wnaeth ymateb i fy nghais ar Facebook, rhoi cynnig
ar y ryseîtiau a dod yn ôl efo sylwadau adeiladol, ac i bawb
wnaeth holi am y ryseîtiau am eu diddordeb, o leiaf!

i Nia am ddangos diddordeb ers dyddiau *Blas*, ac am ei
hamynedd a'i hanogaeth wrth roi'r llyfr at ei gilydd.

i Iolo am ei gwmni a'i luniau gwych ac Iestyn
am y logo a'r gwaîth dylunio.

i Steve am ddioddef sawl arbrawf aflwyddiannus
ac am yr adborth 'mae o i fyny i'r safon'.

i Mam, am roi'r addysg, y rhyddid a'r ganmoliaeth i mi
fagu hyder i fwynhau coginio yn fy nghegin fy hun.

Argraffiad cyntaf: 2016

Rhif rhyngwladol: 978-1-84527-537-2

Mae'r cyhoeddwr yn cydnabod cefnogaeth ariannol
Cyngor Llyfrau Cymru

Ffotograffydd: Iolo Penri

Cynllun clawr a dylunio: Iestyn Lloyd

Cyhoeddwyd gan Wasg Carreg Gwalch,
12 Iard yr Orsaf, Llanrwst, Conwy, LL26 0EH.
Ffôn: 01492 642031 Ffacs: 01492 641502
e-bost: llyfrau@carreg-gwalch.com
lle ar y we: www.carreg-gwalch.com

Argraffwyd a chyhoeddwyd yng Nghymru.